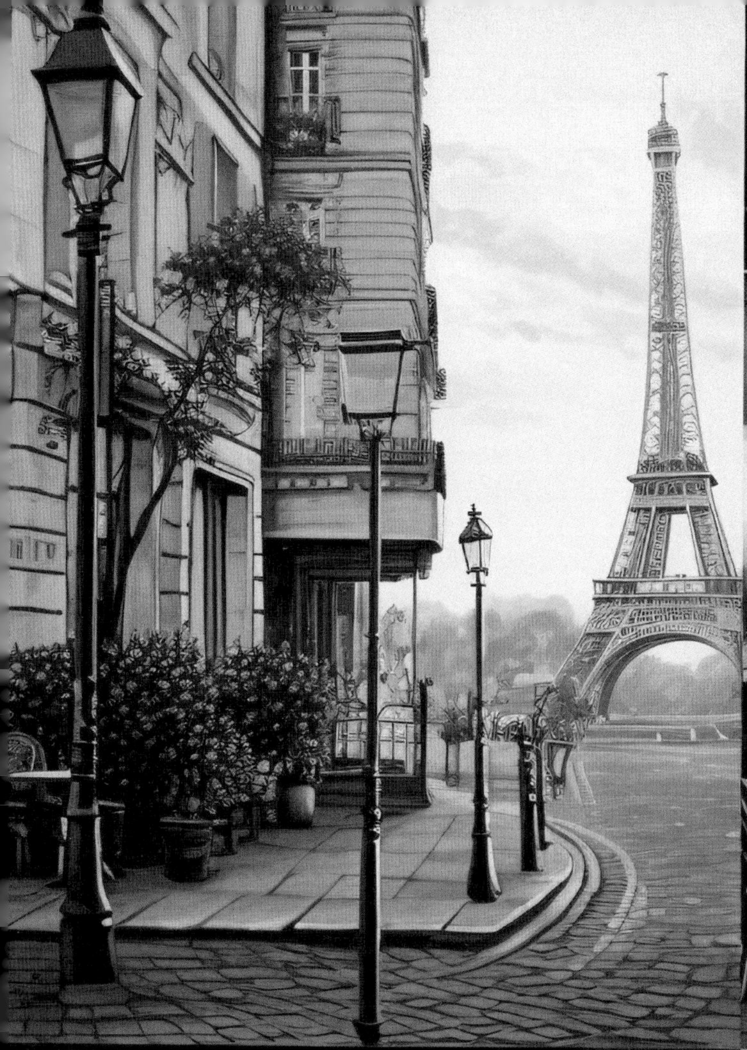

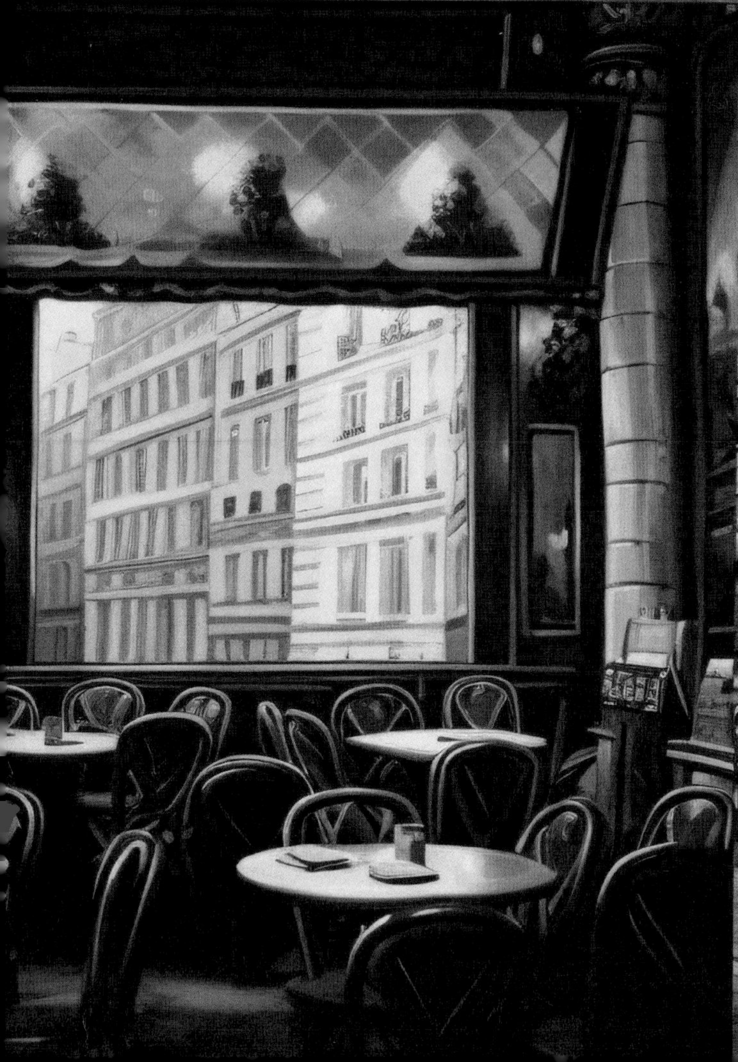
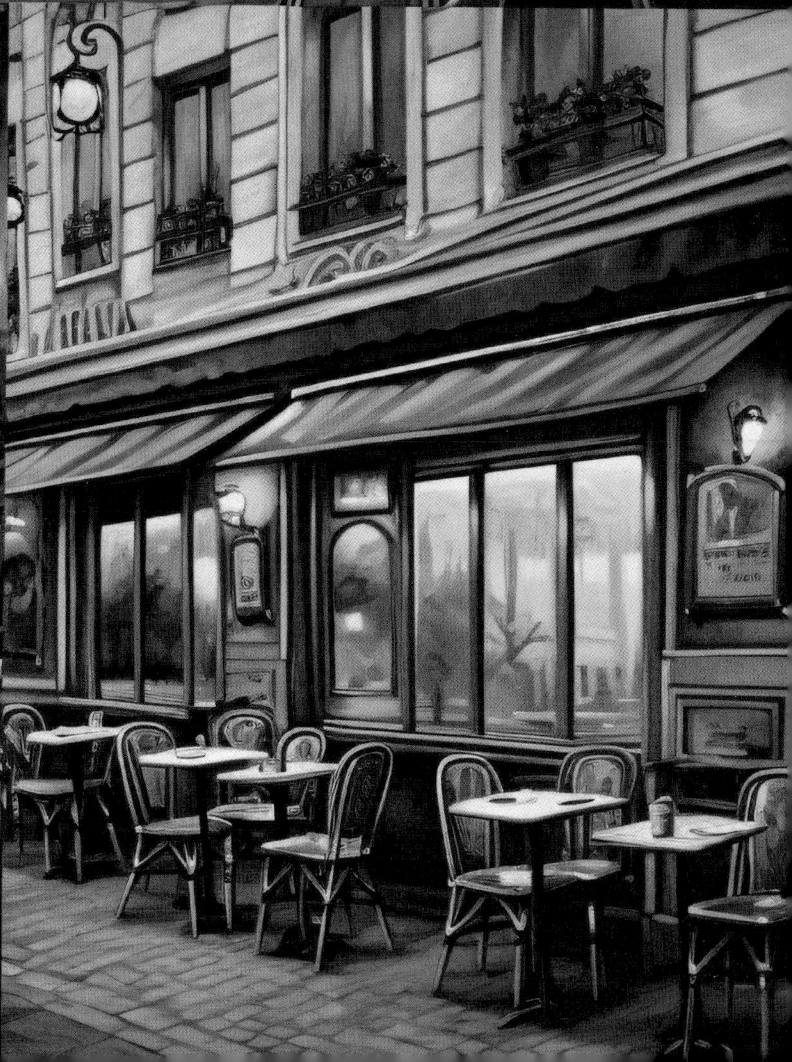

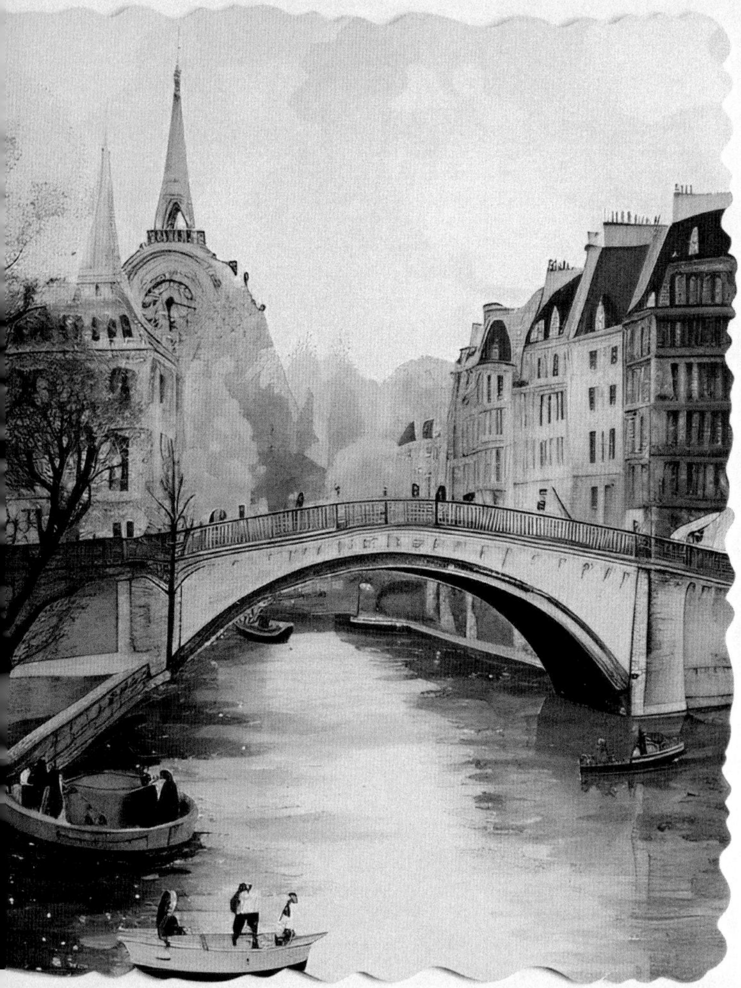
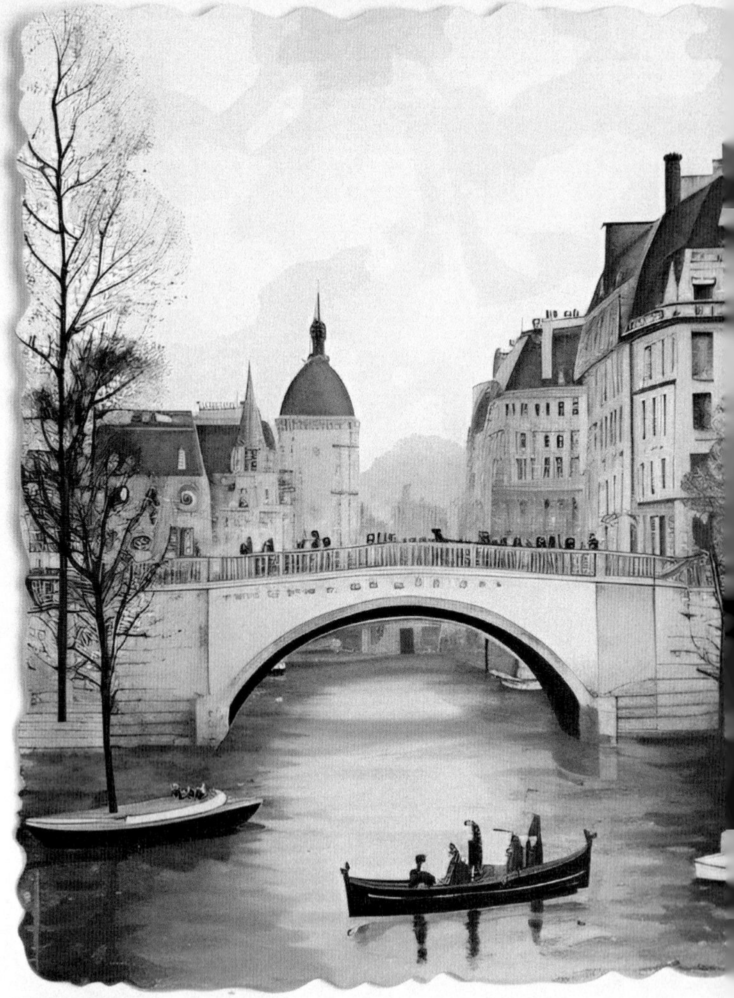
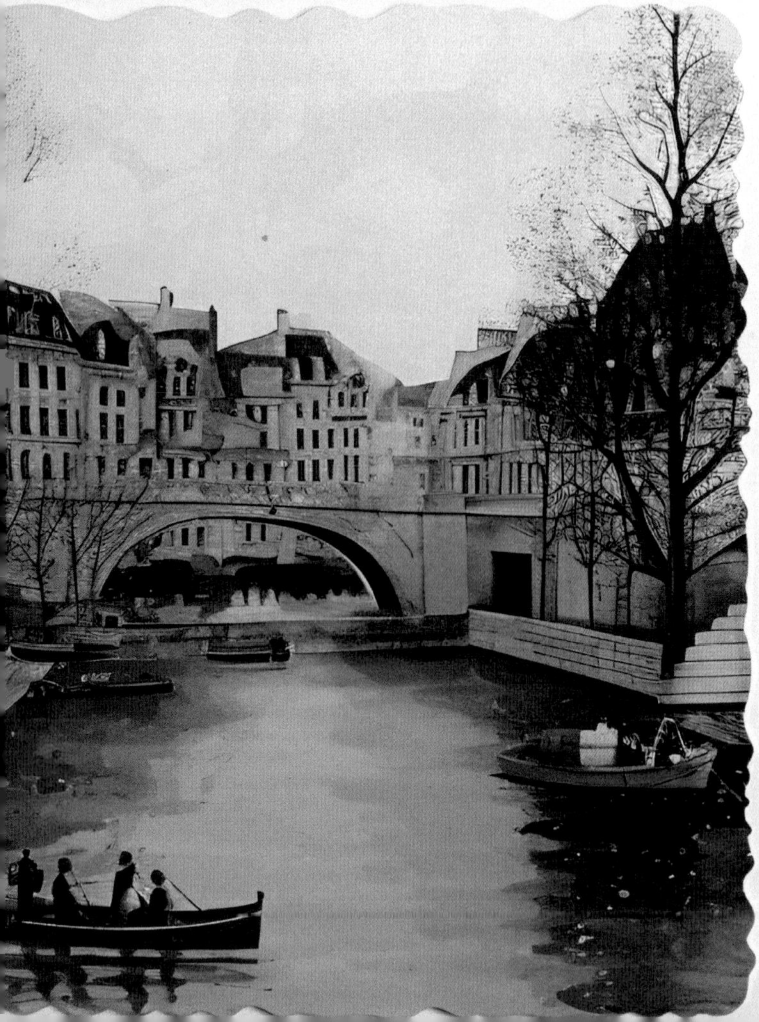
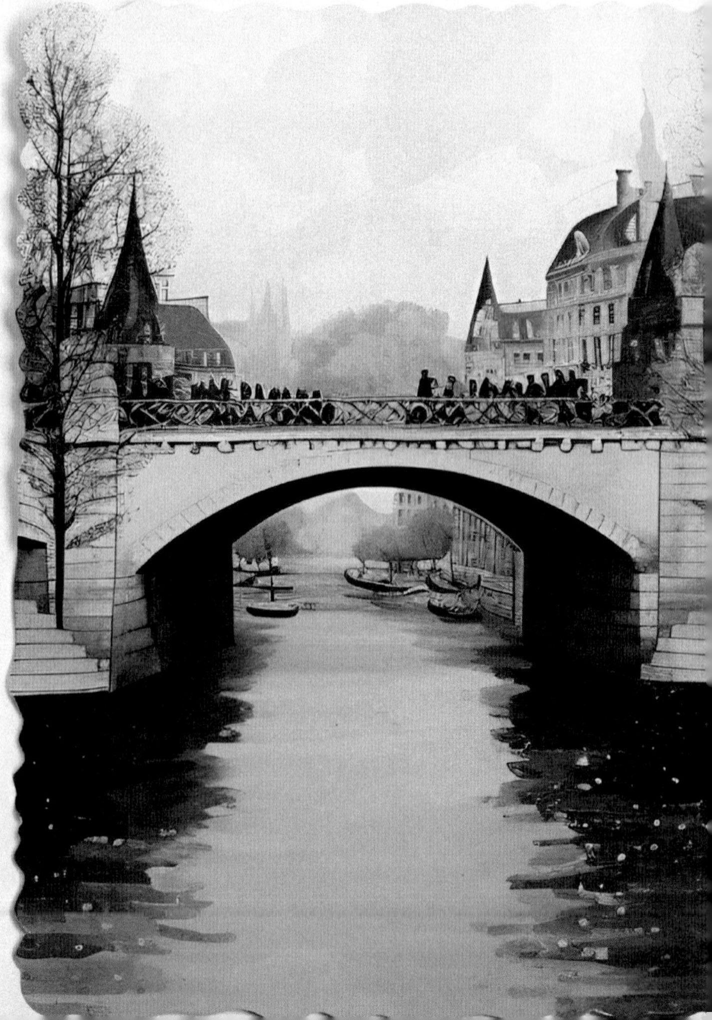

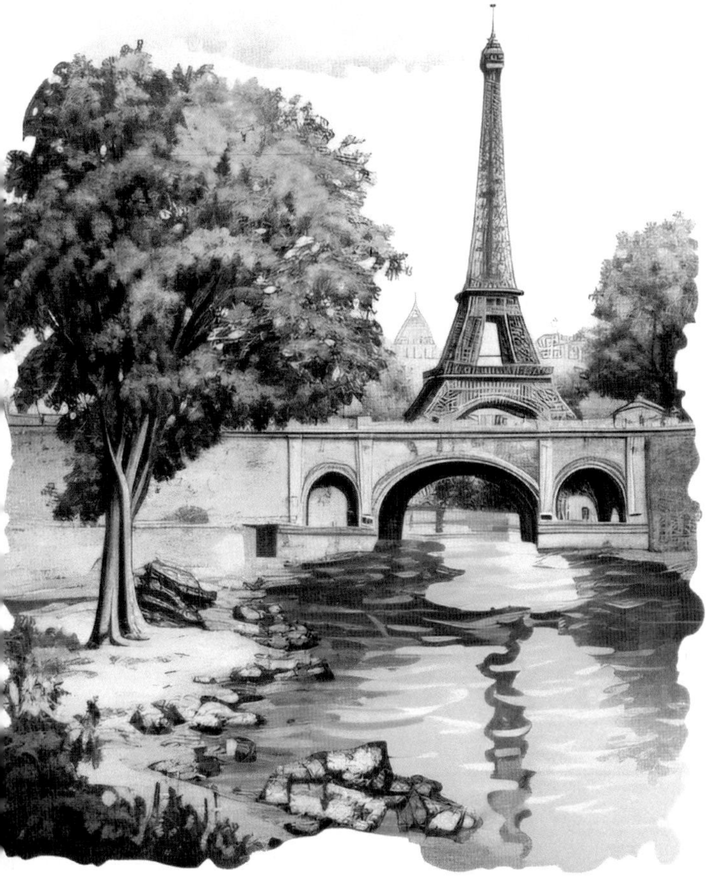

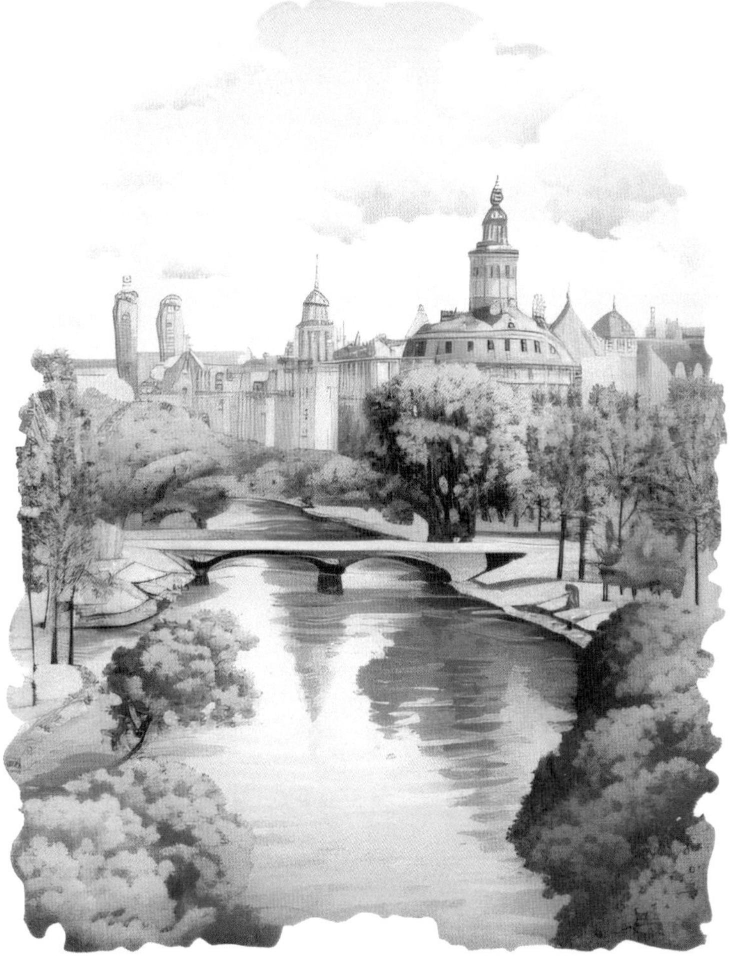

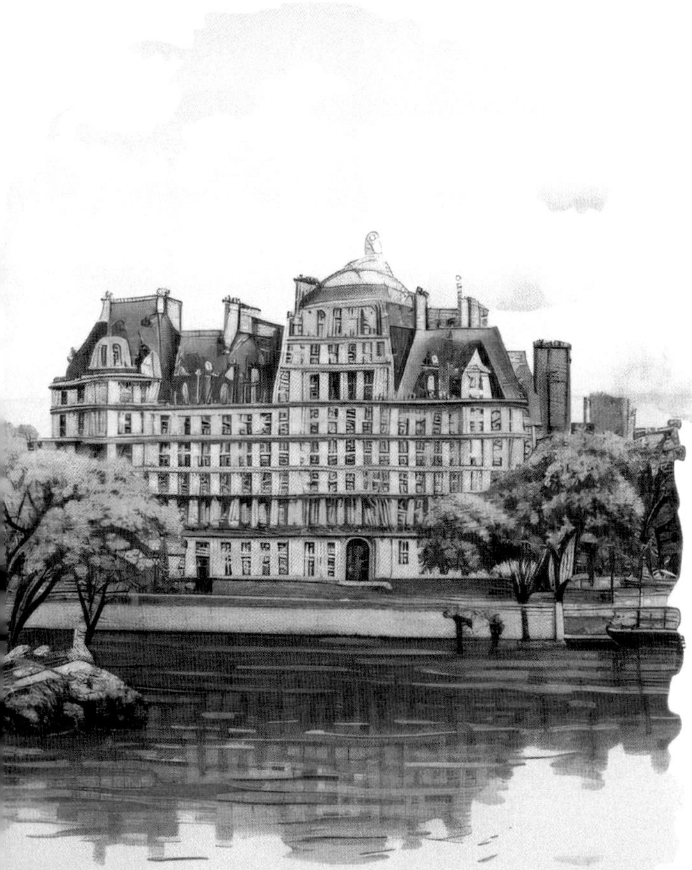

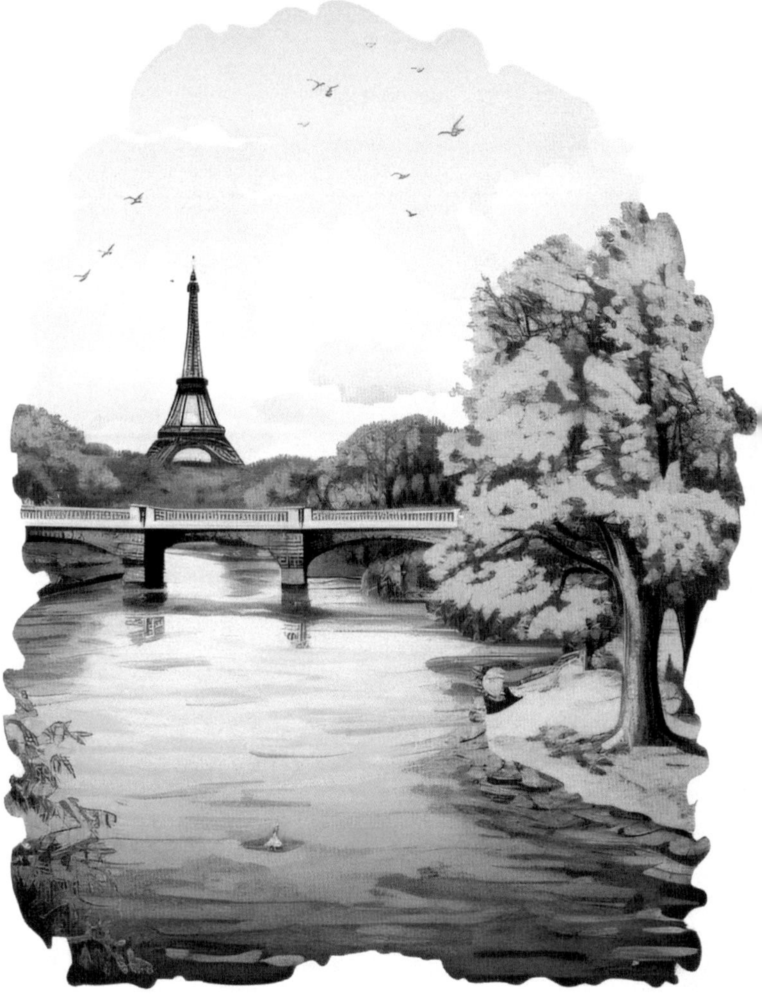

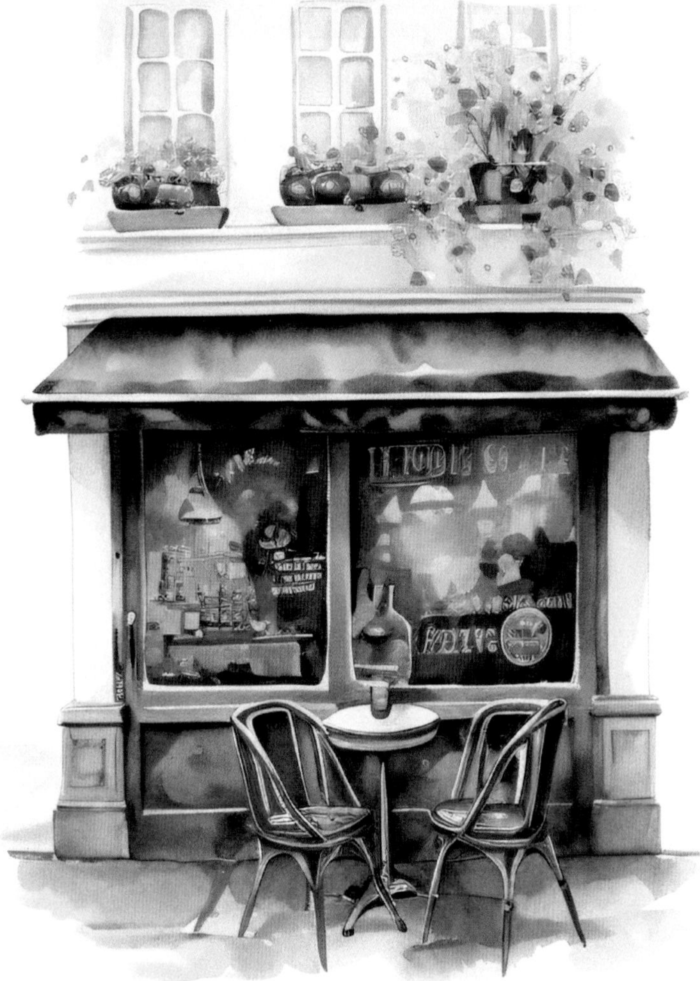

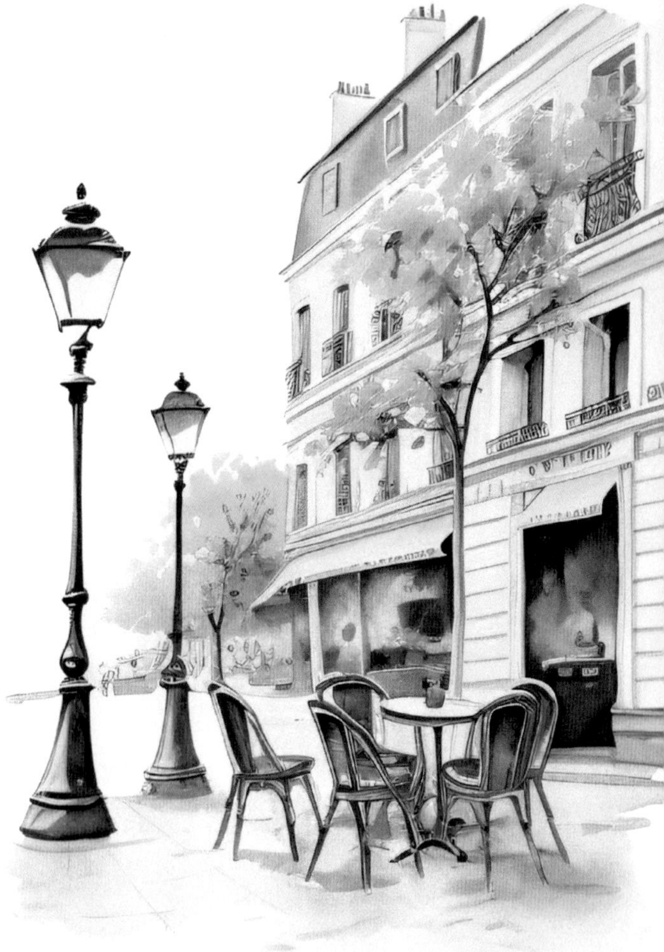

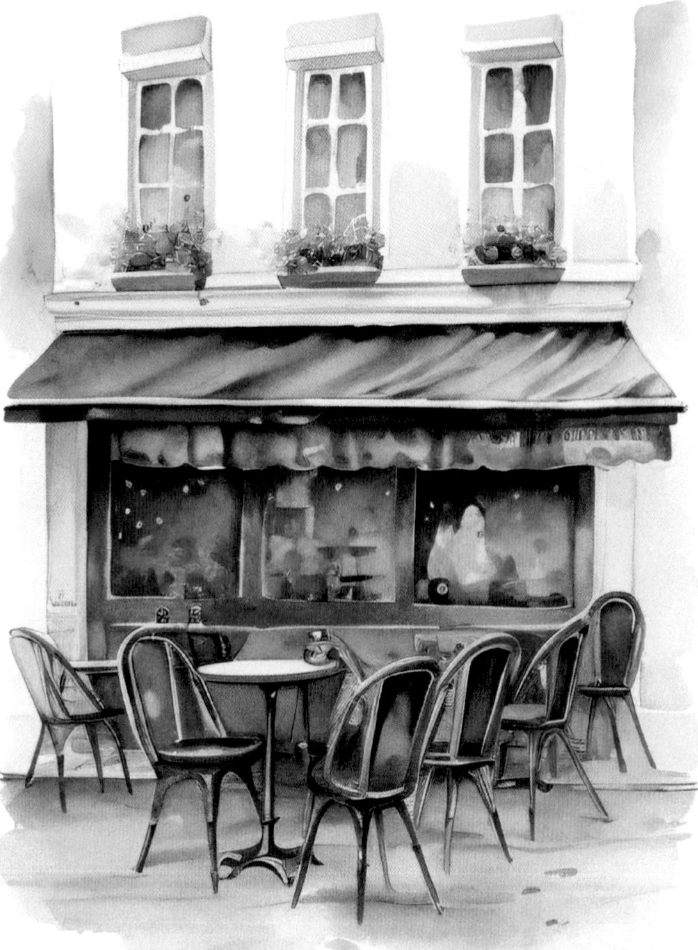

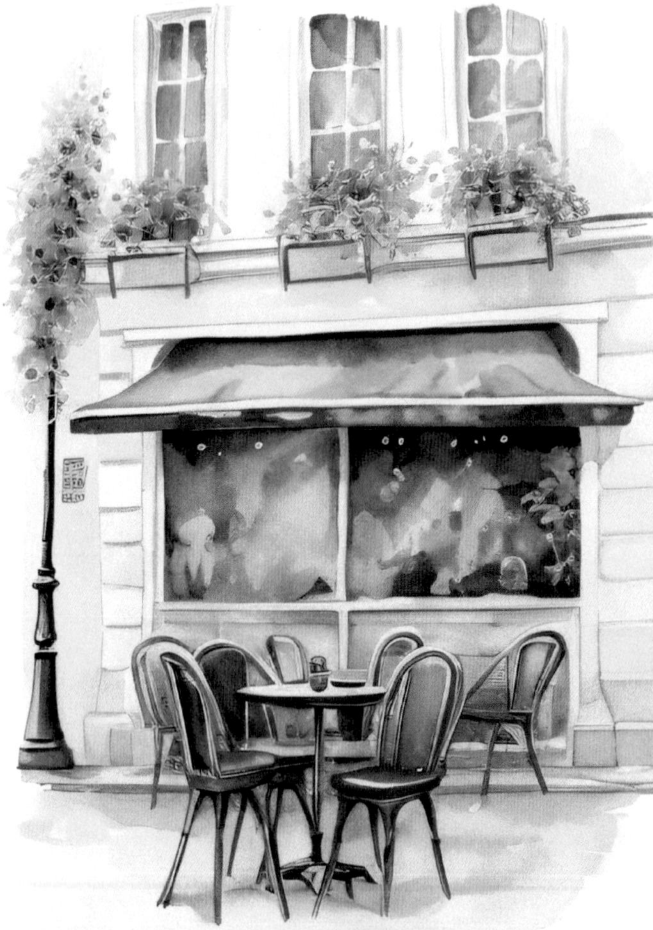

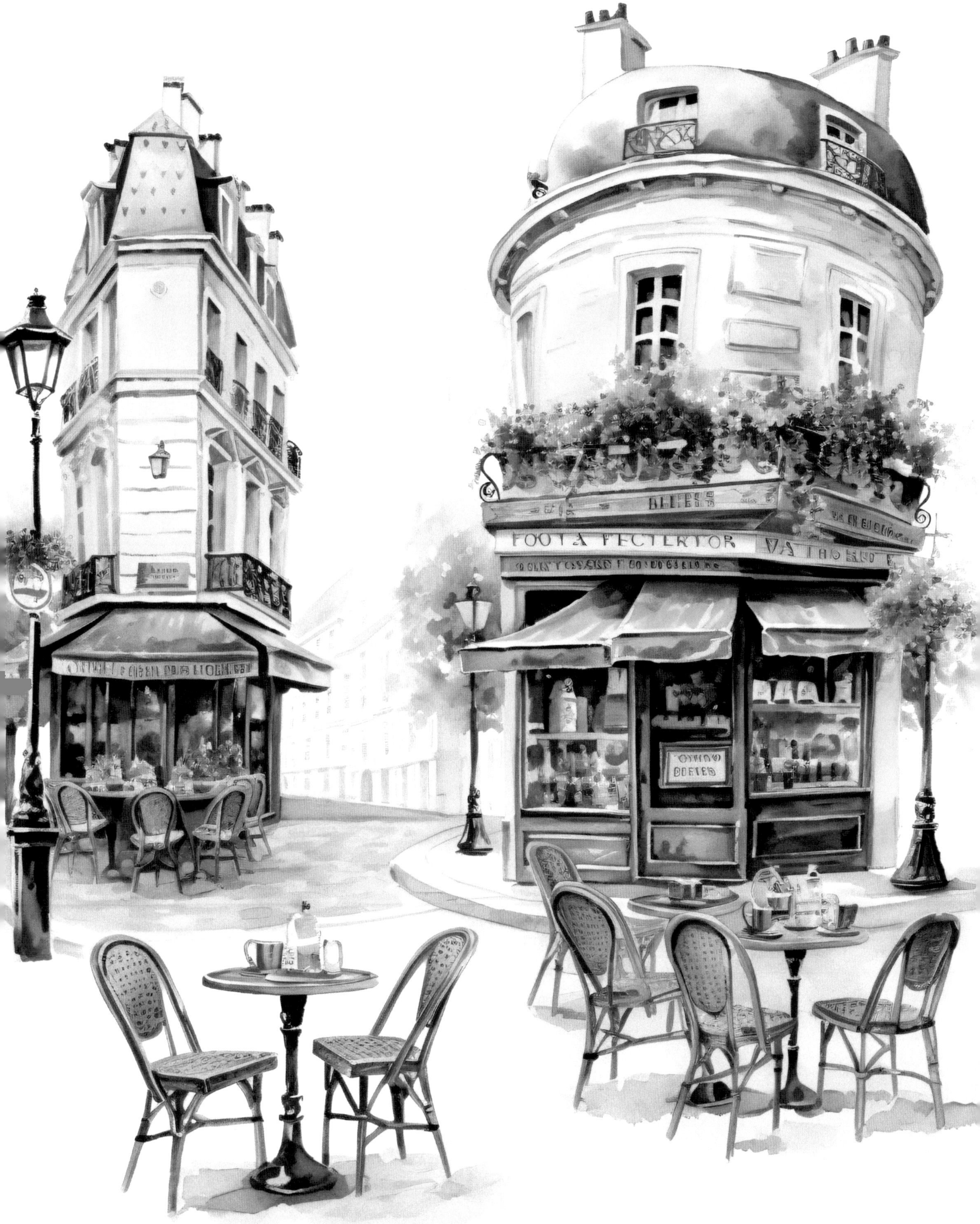

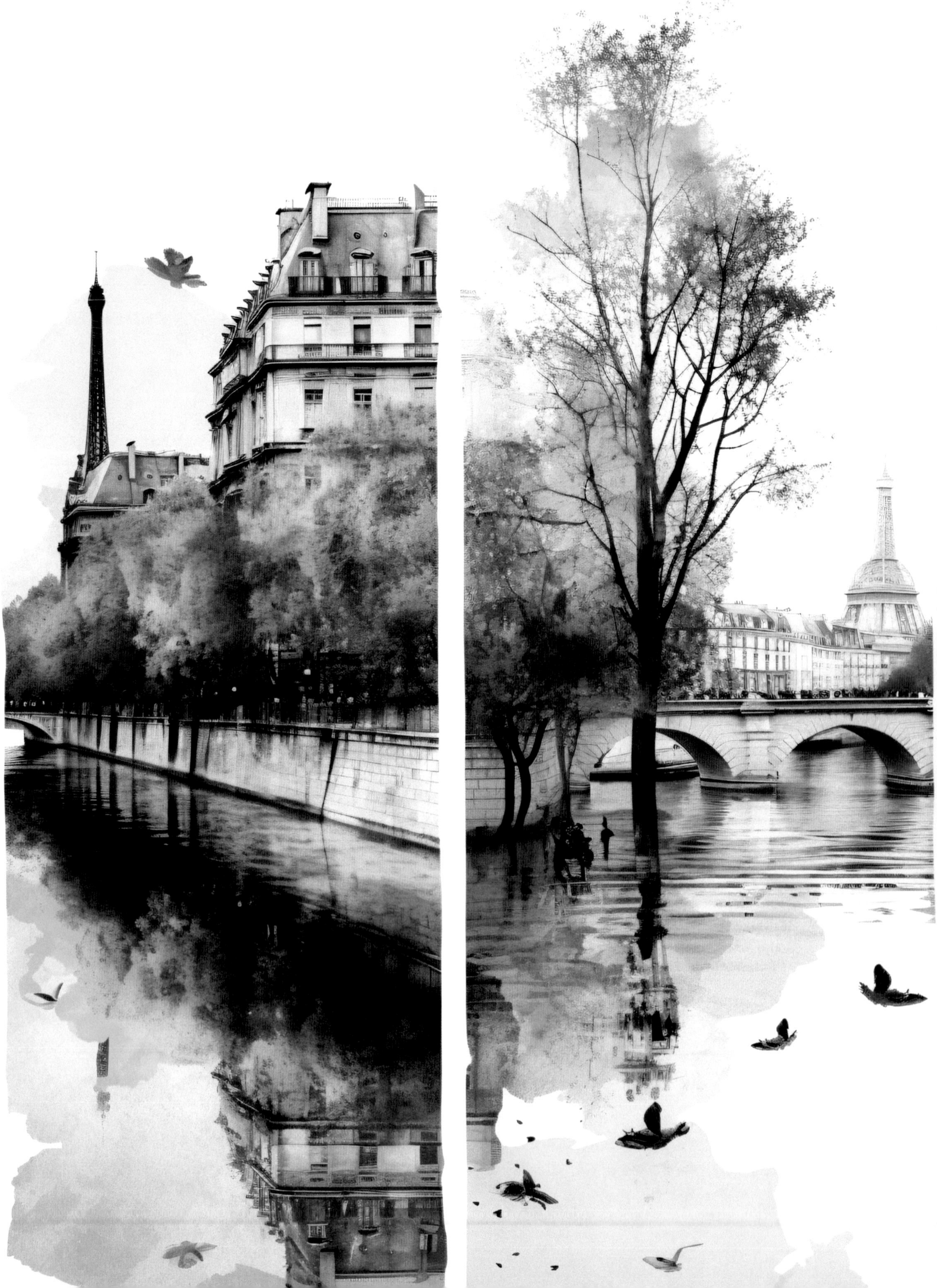

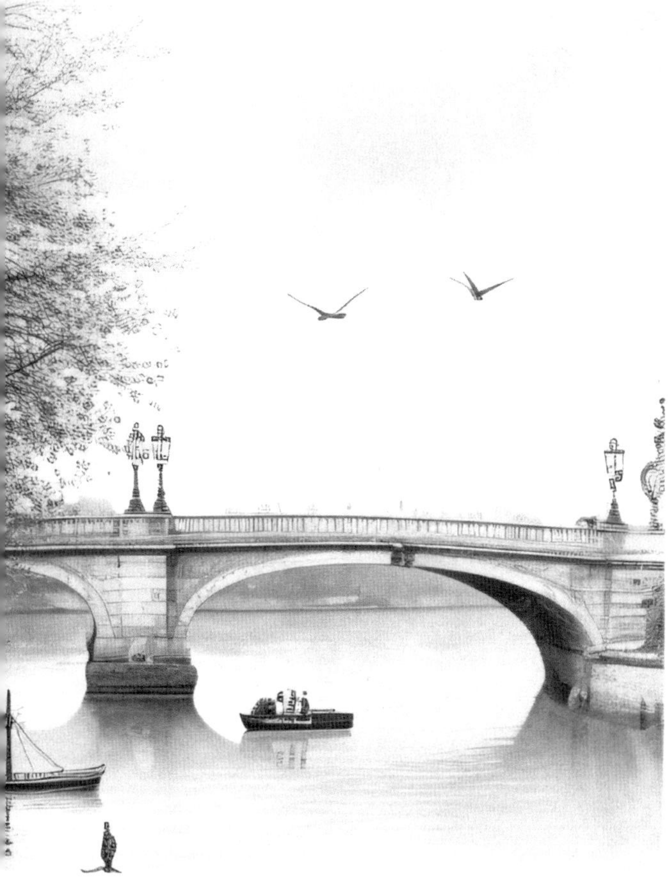

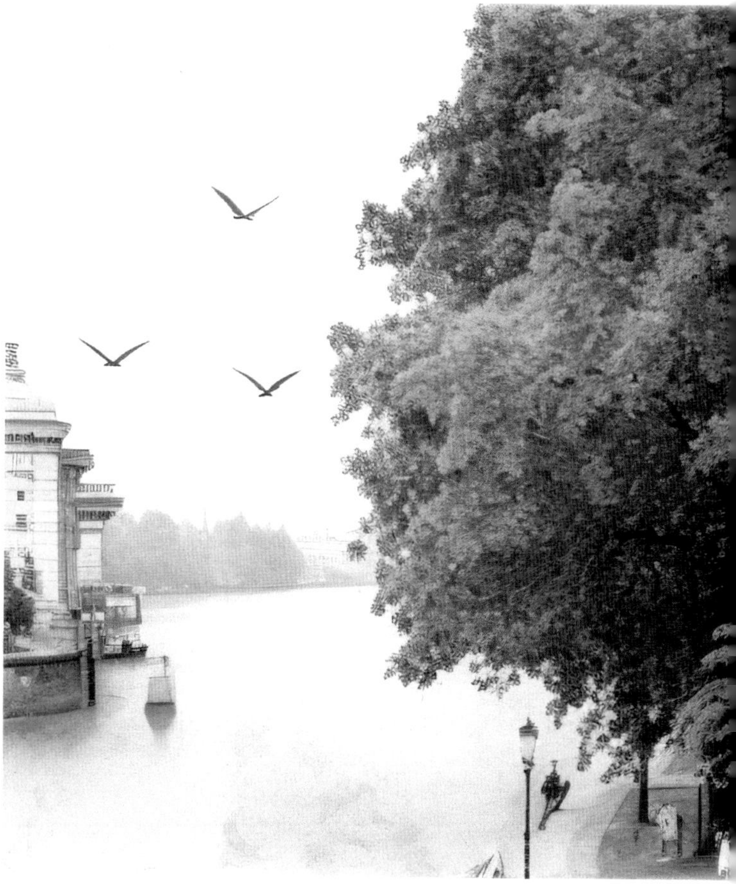

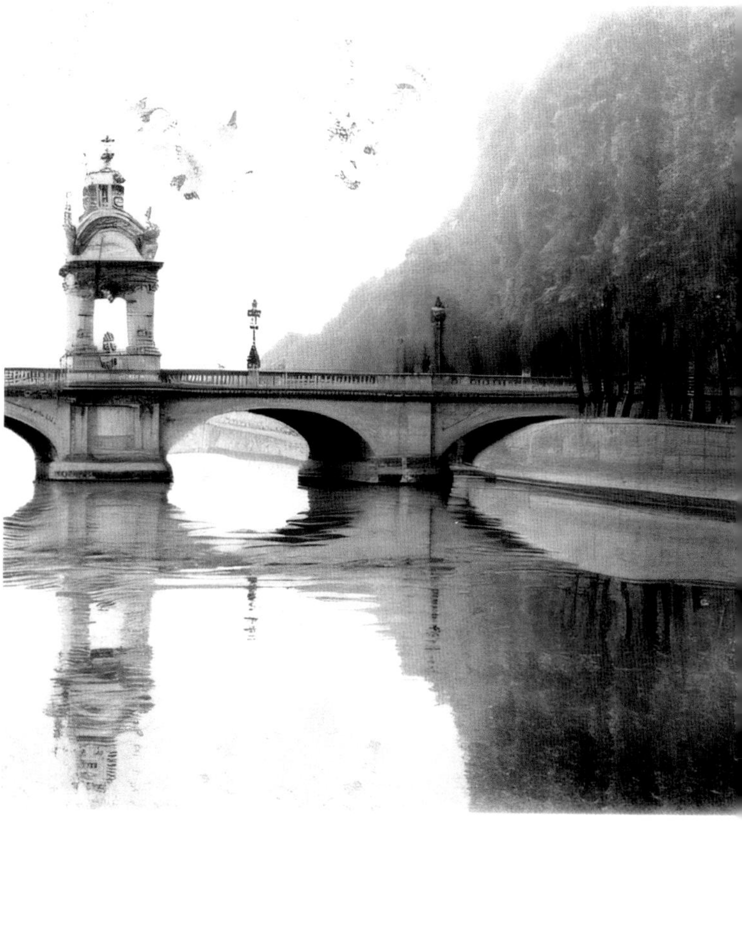

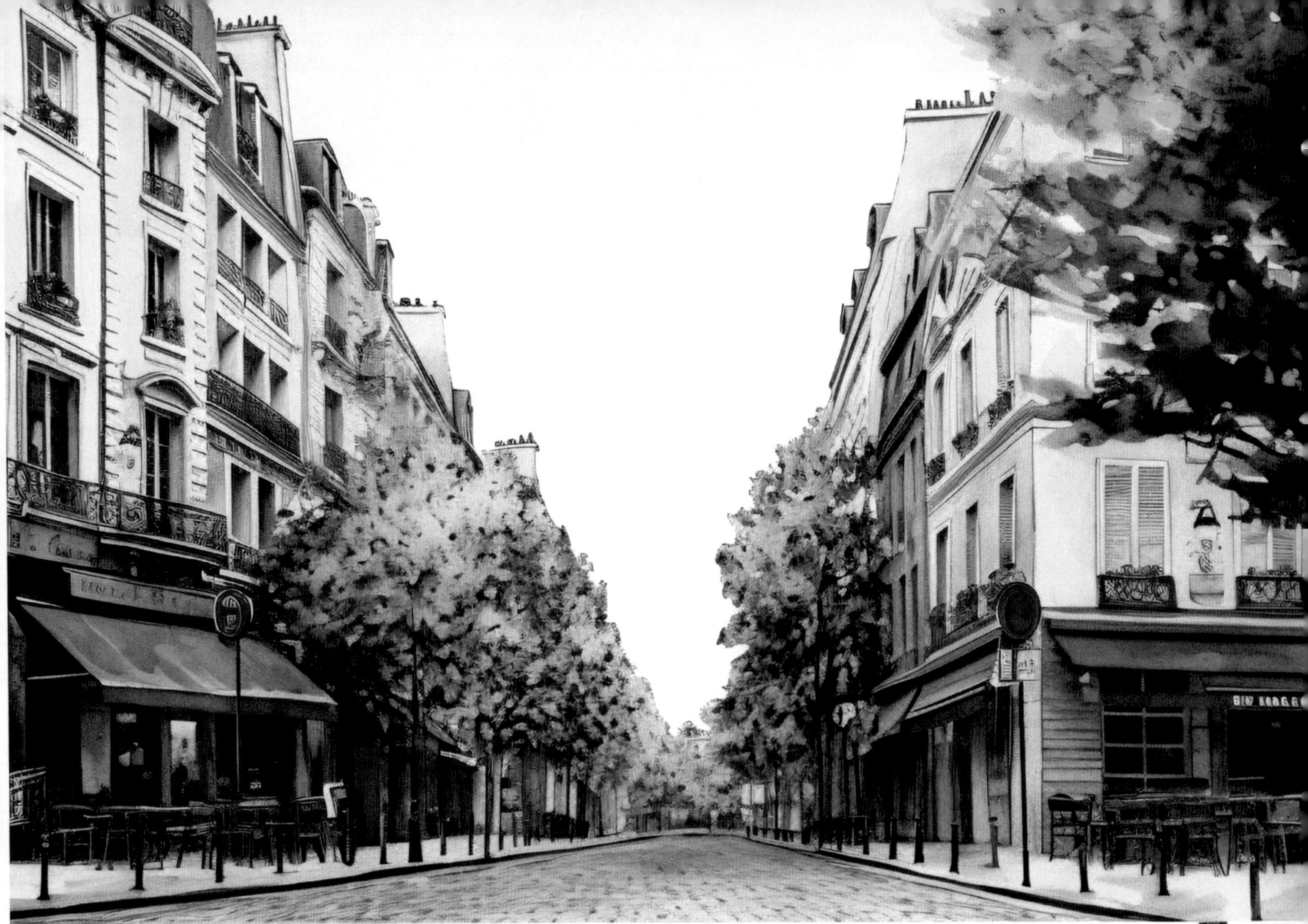

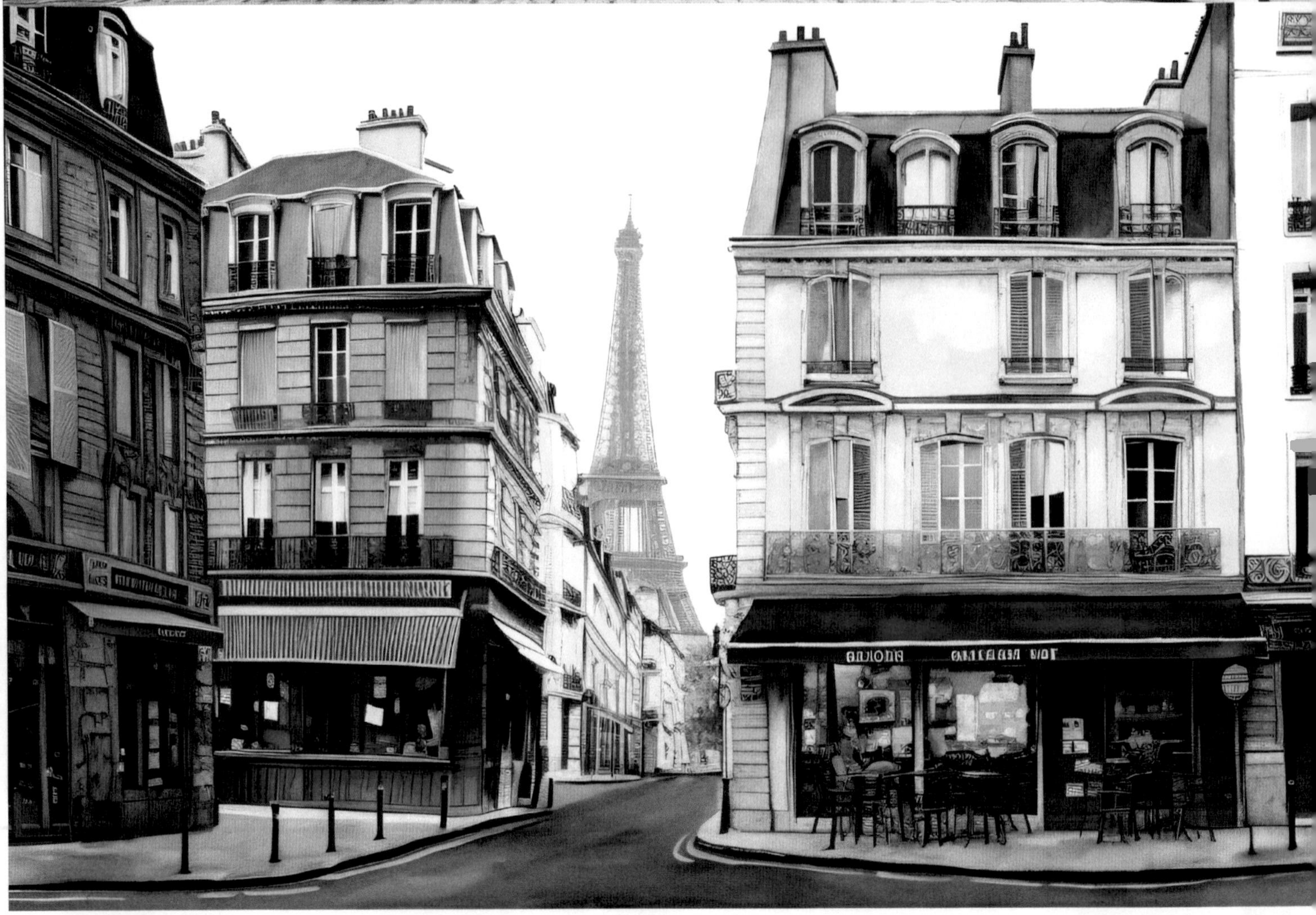

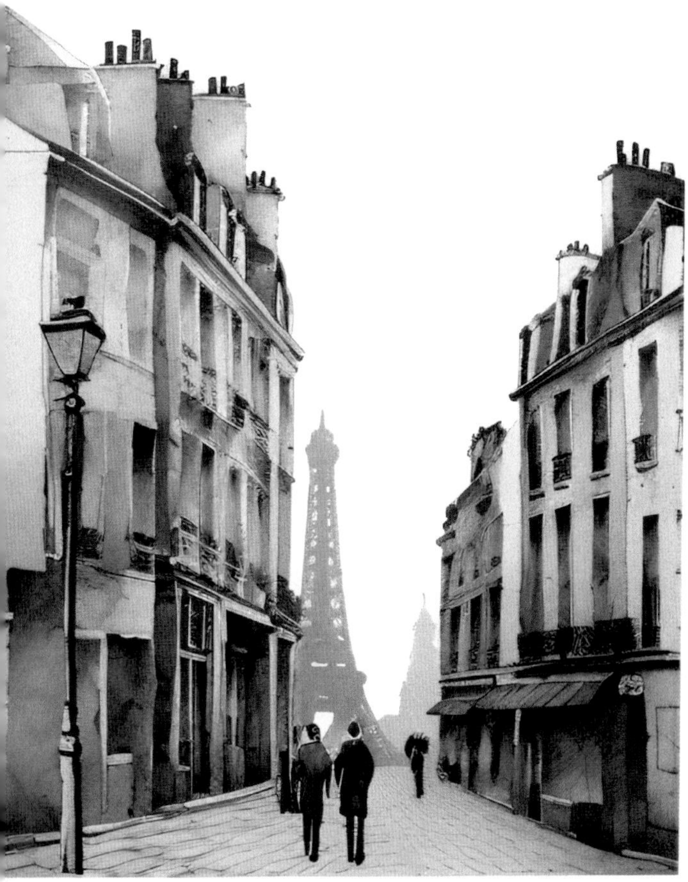
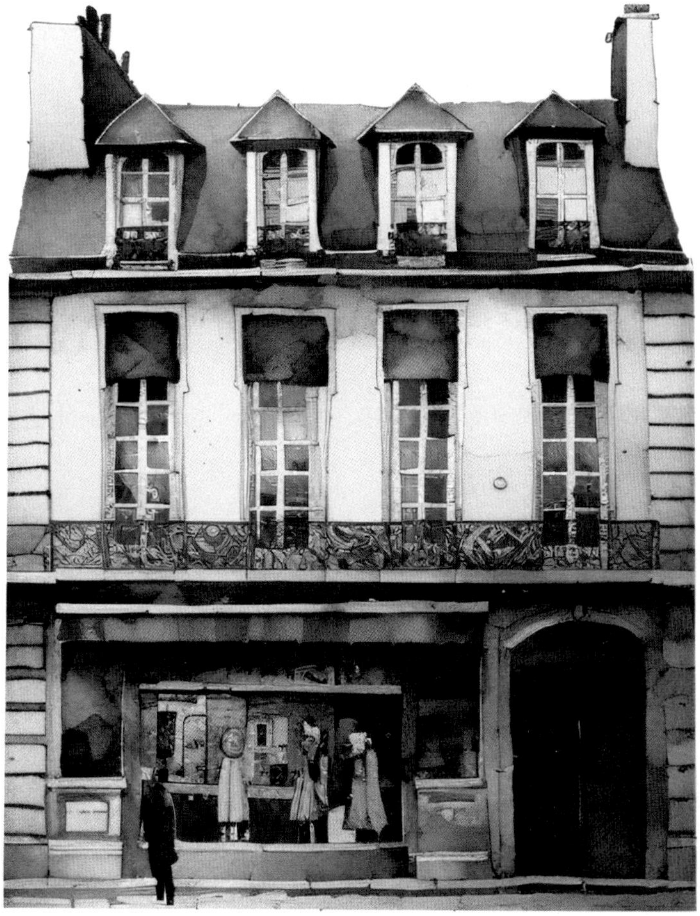
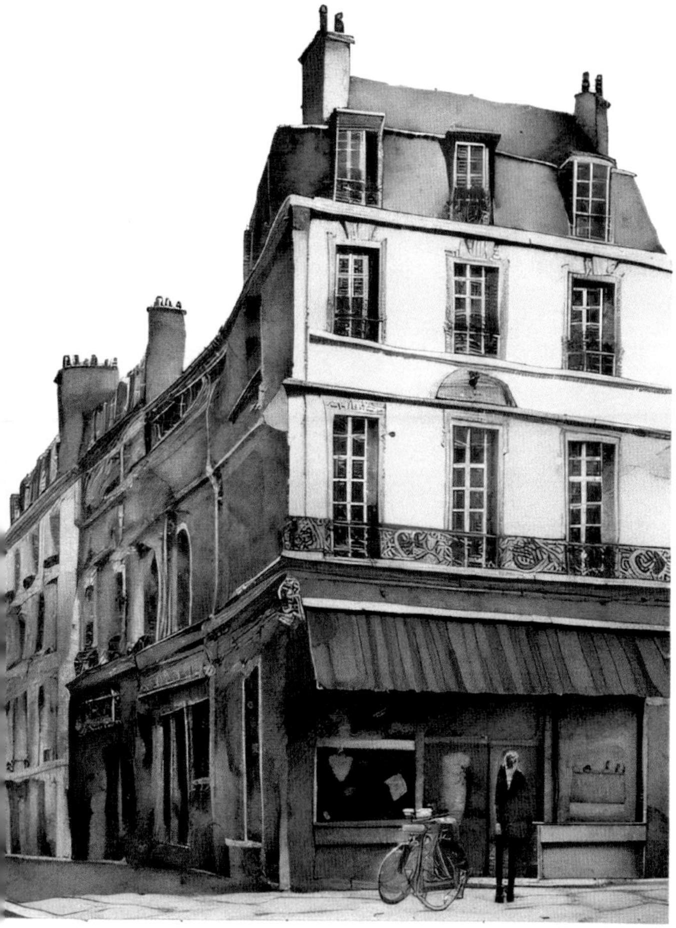
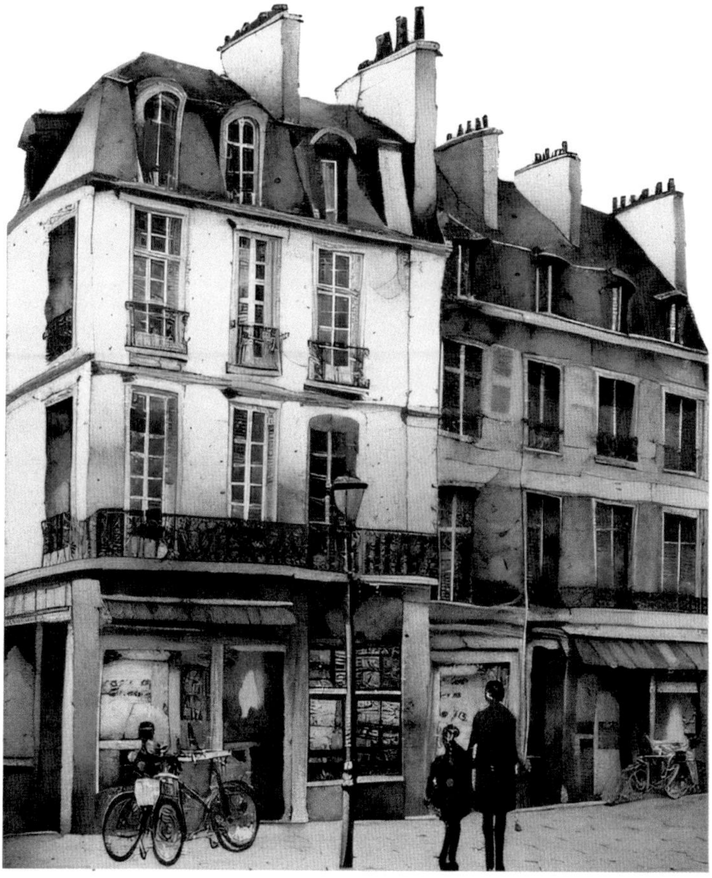

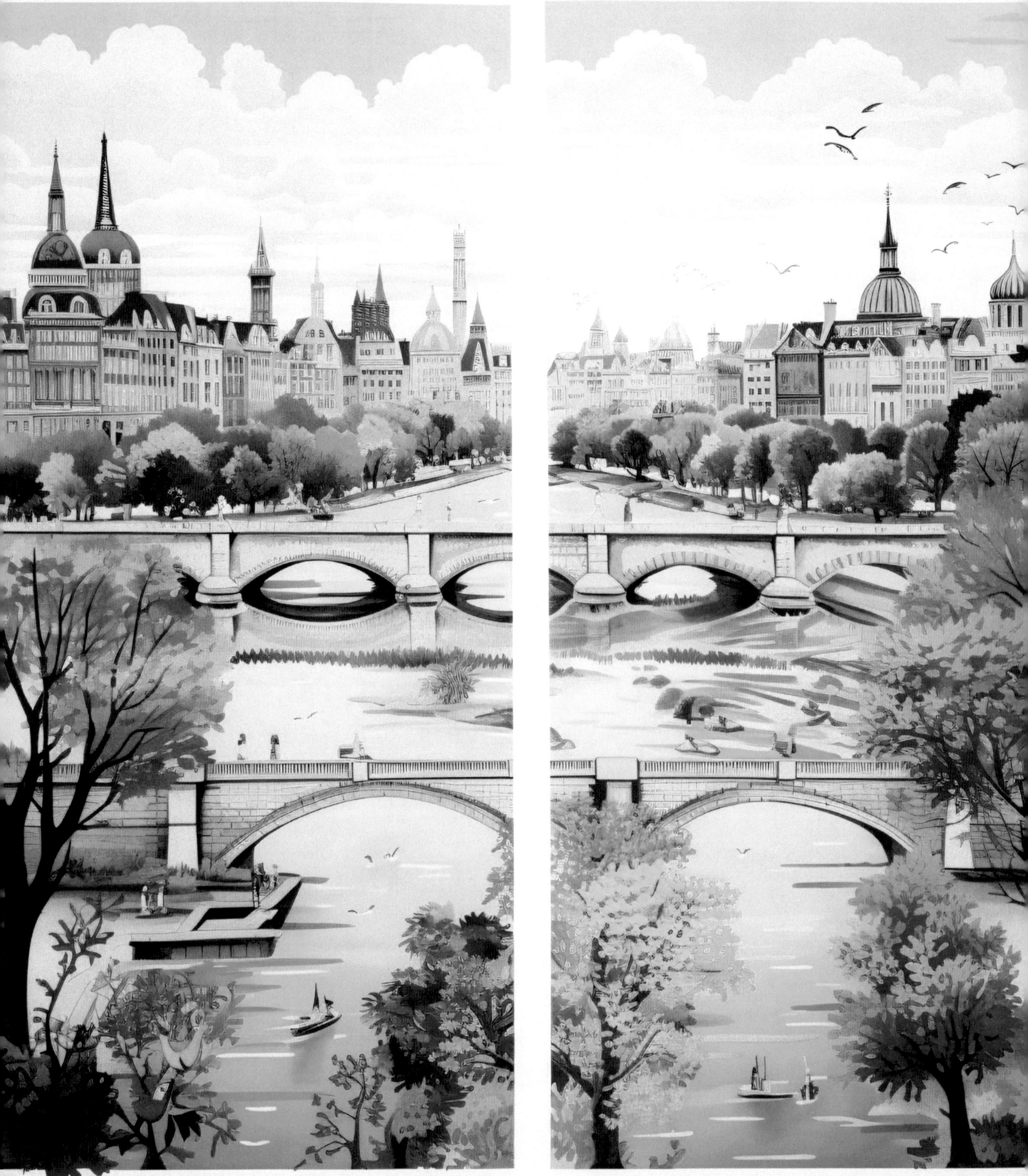

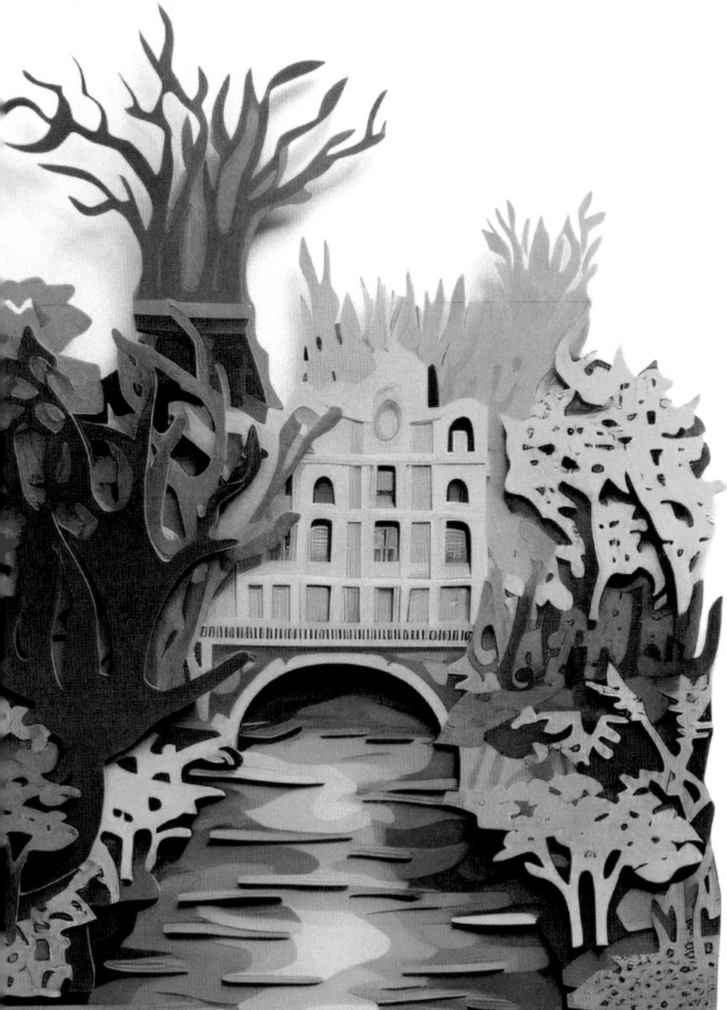
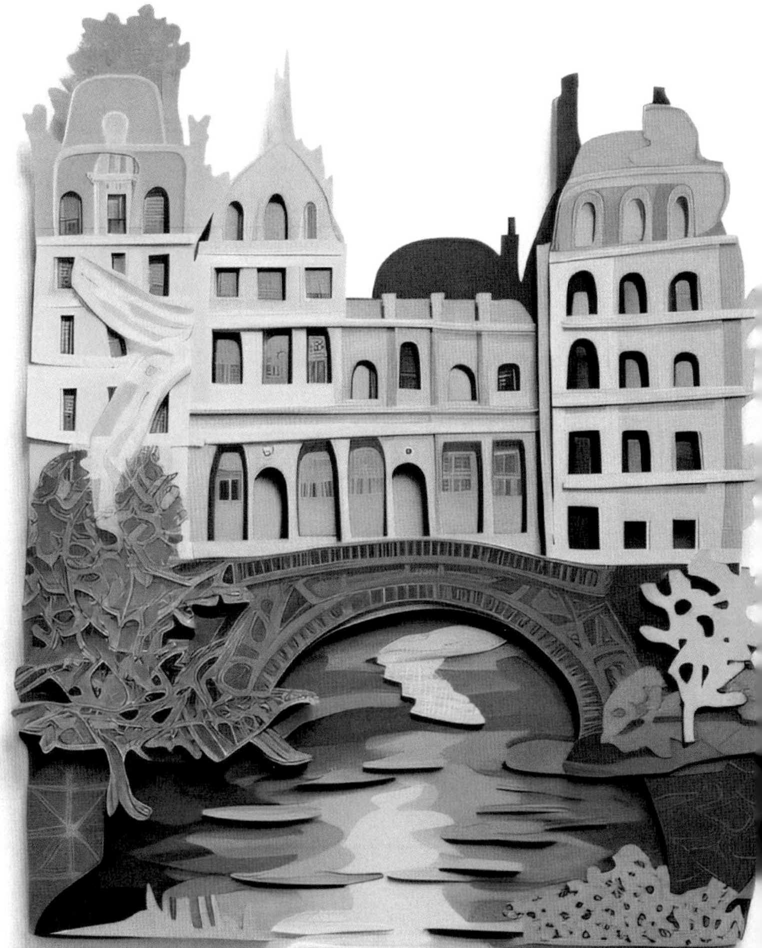
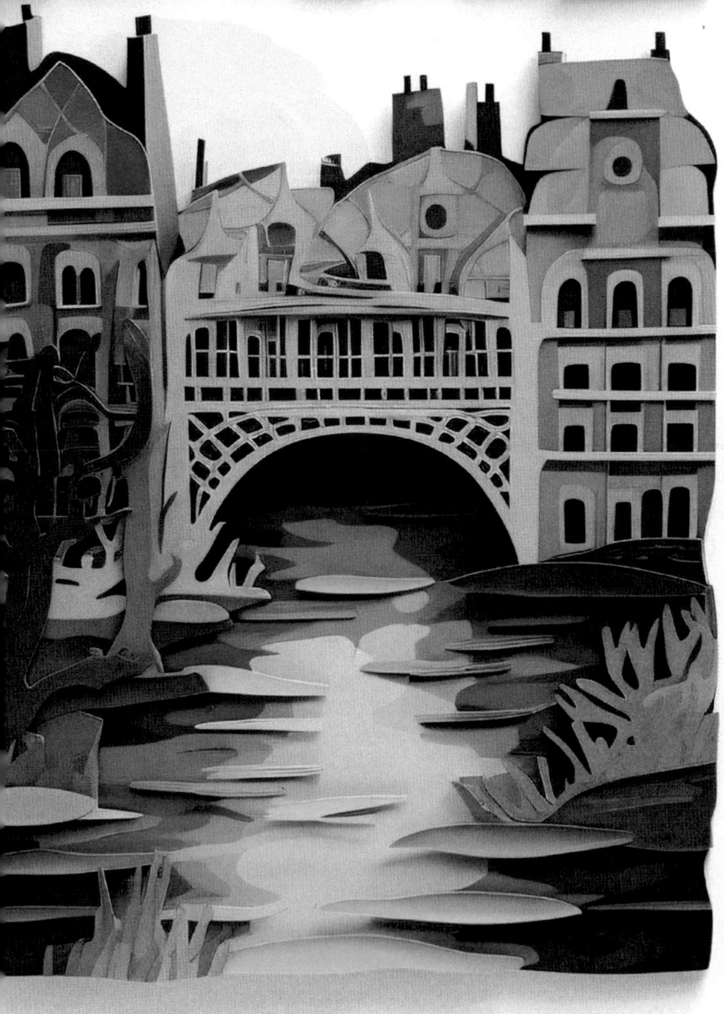
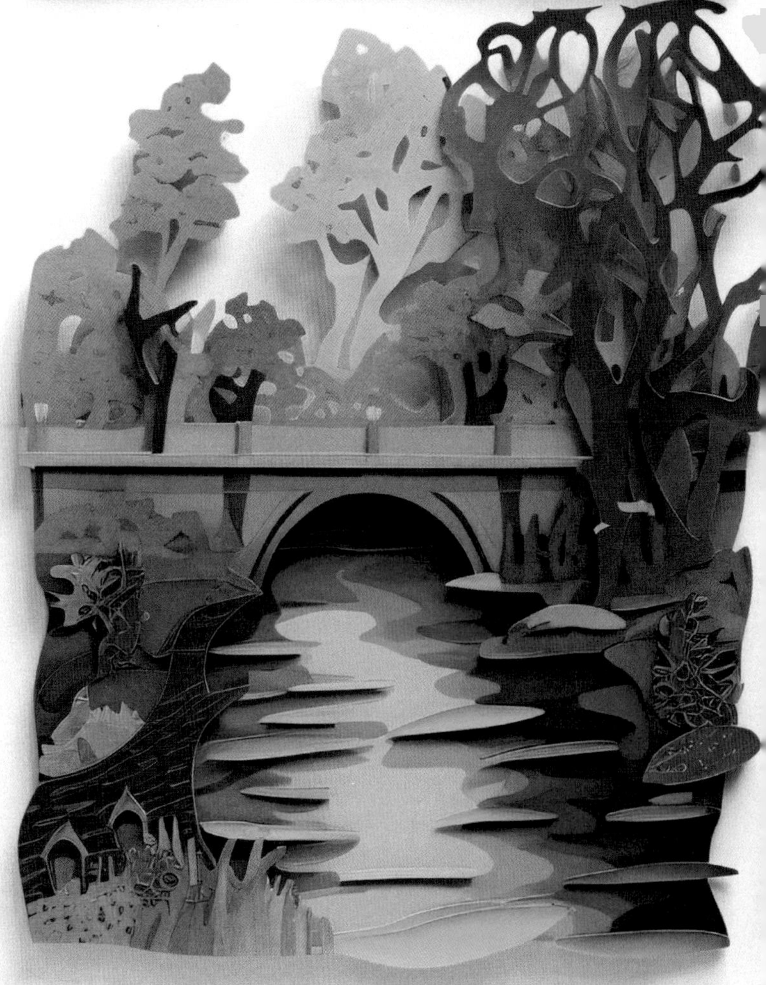

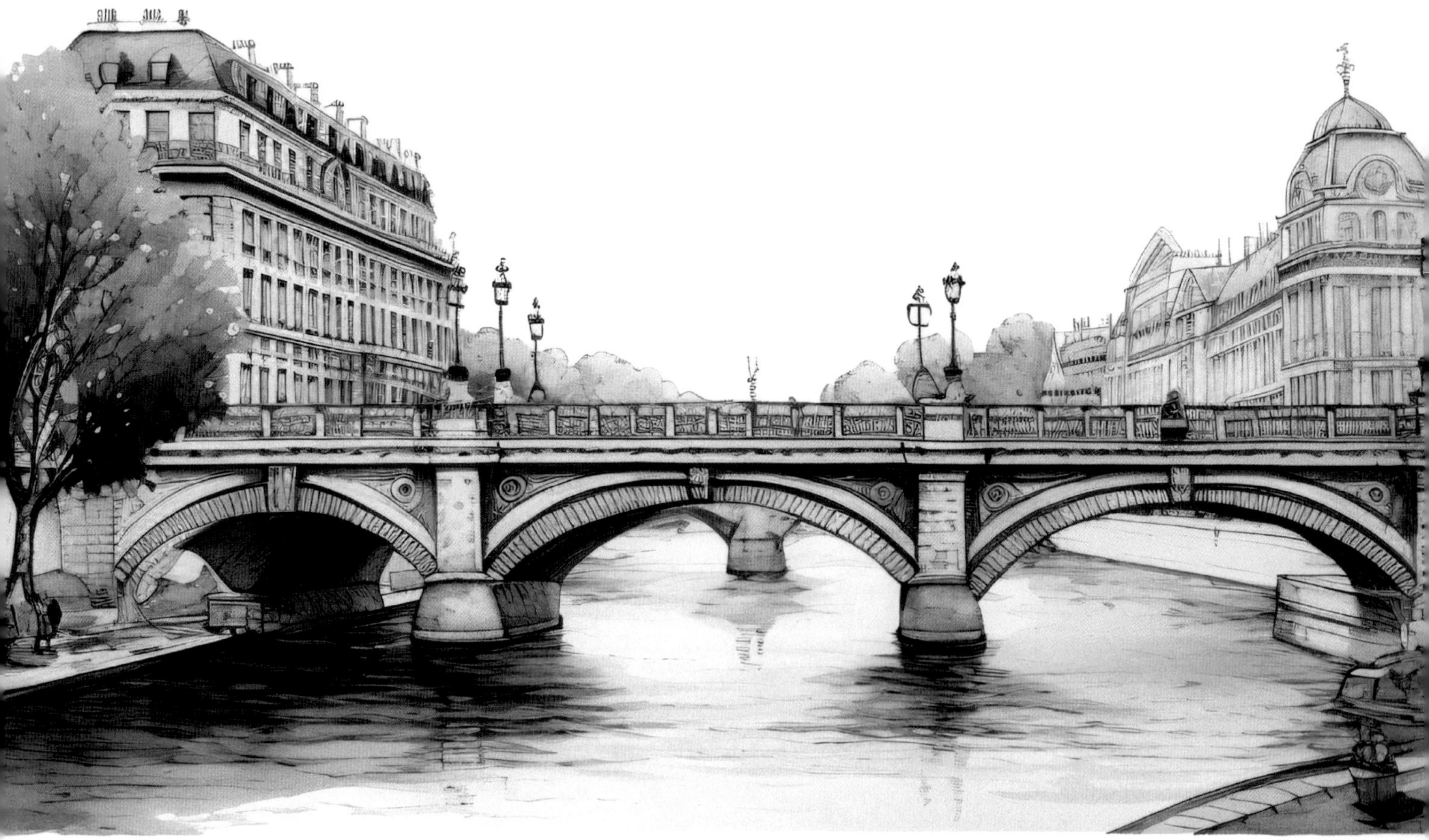

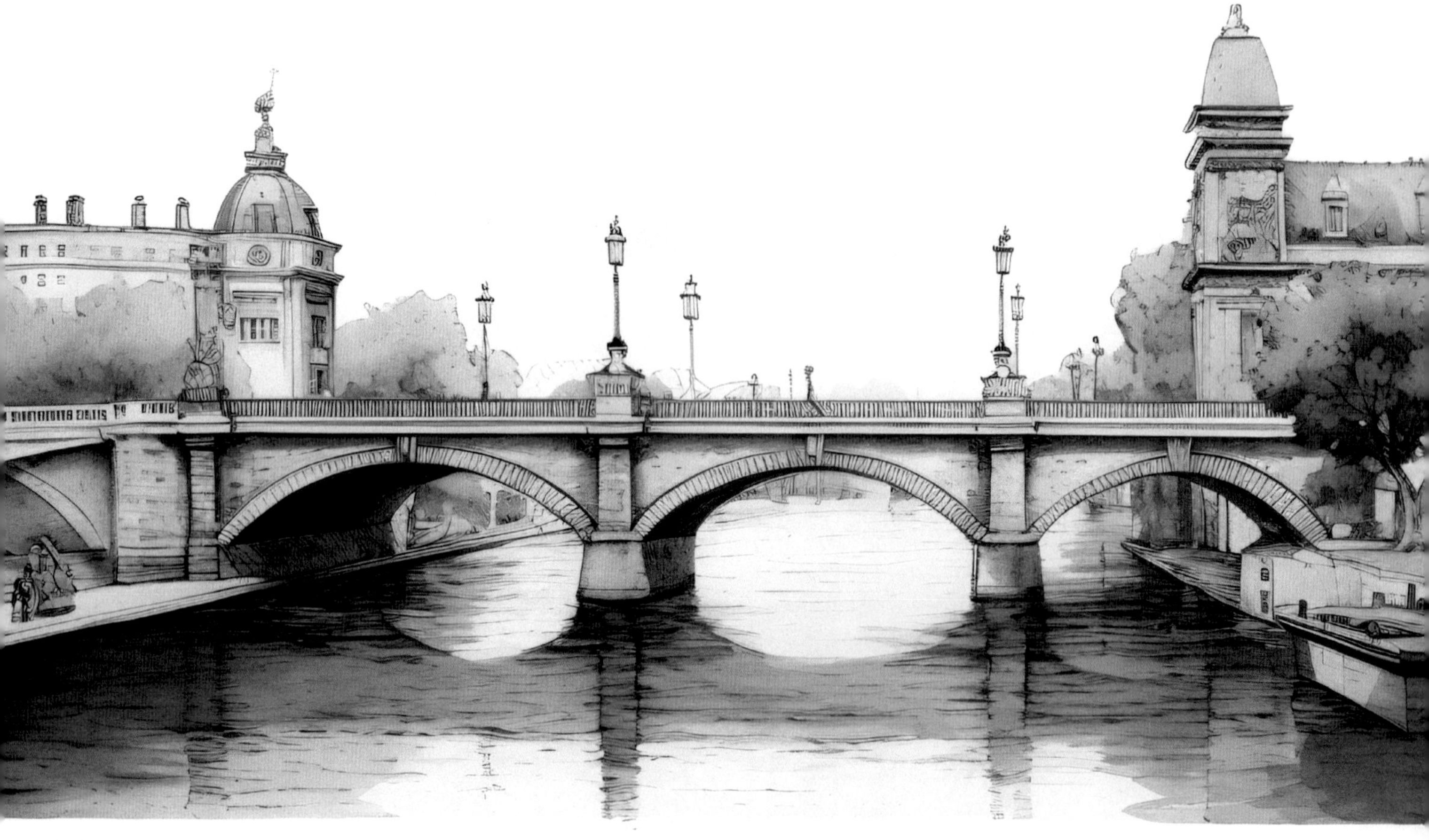

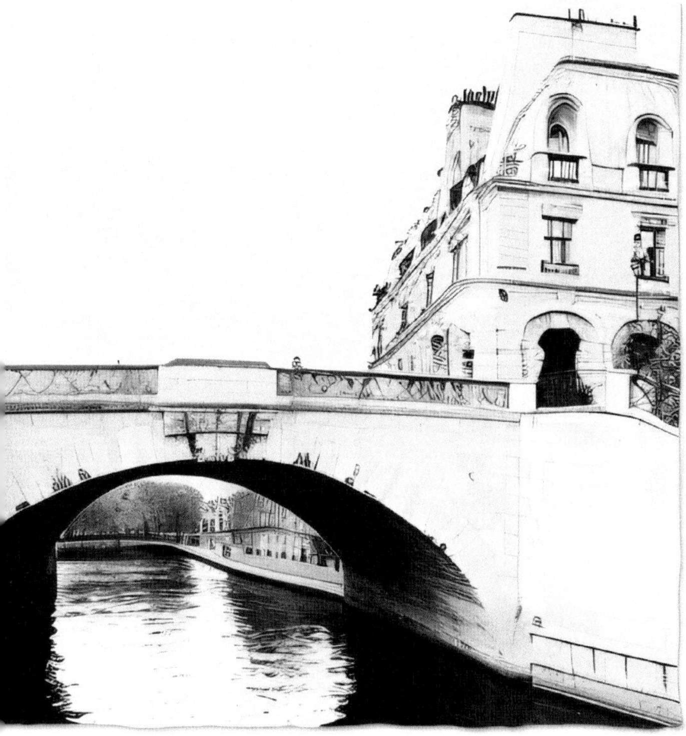
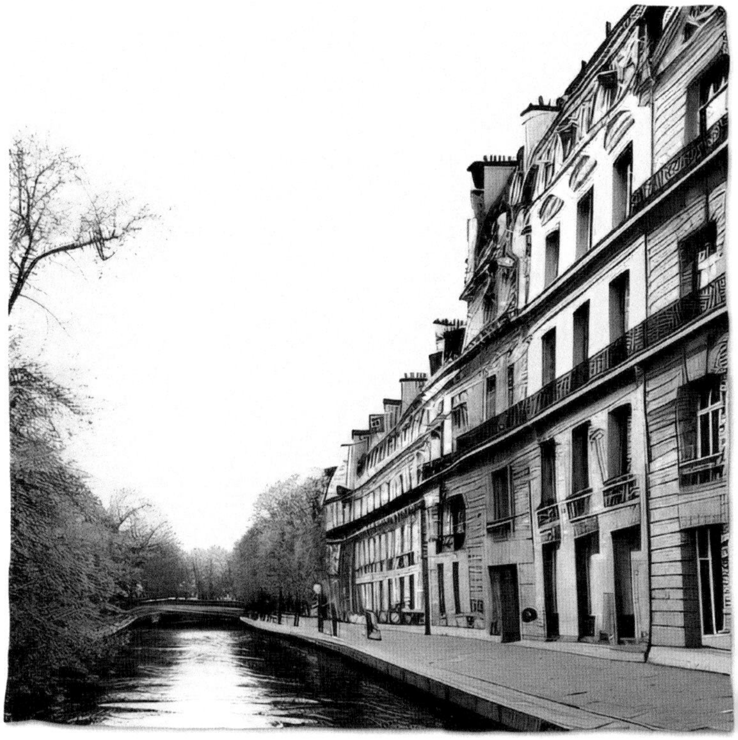
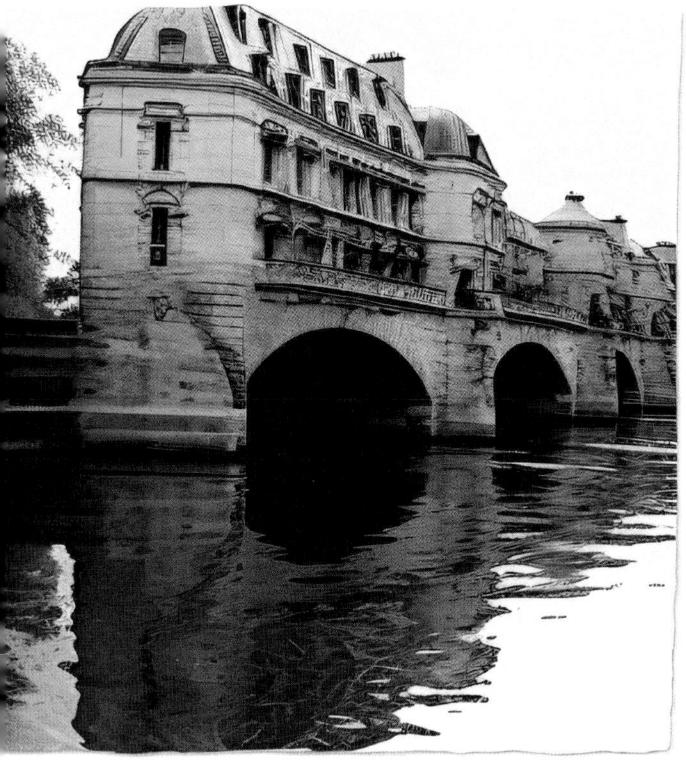
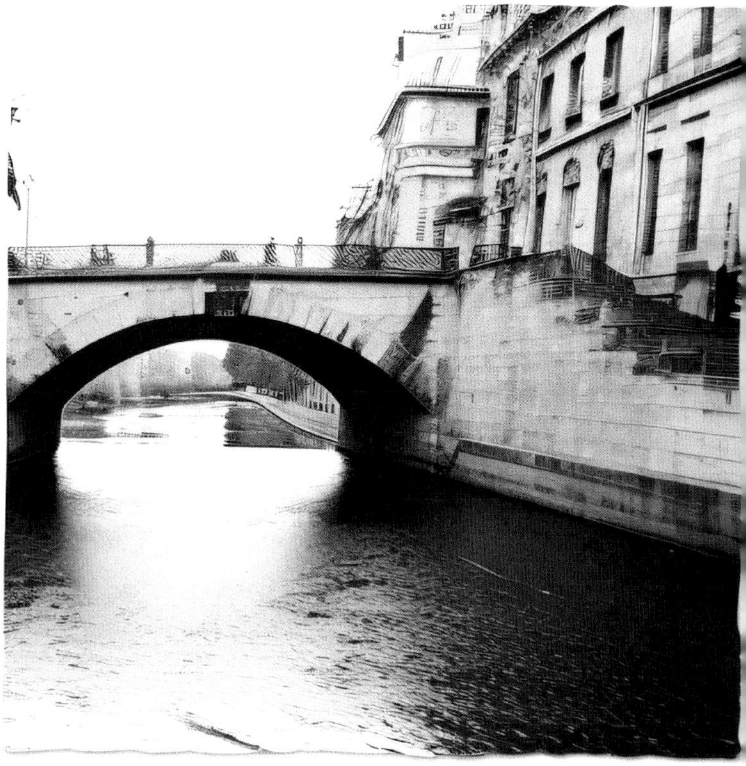

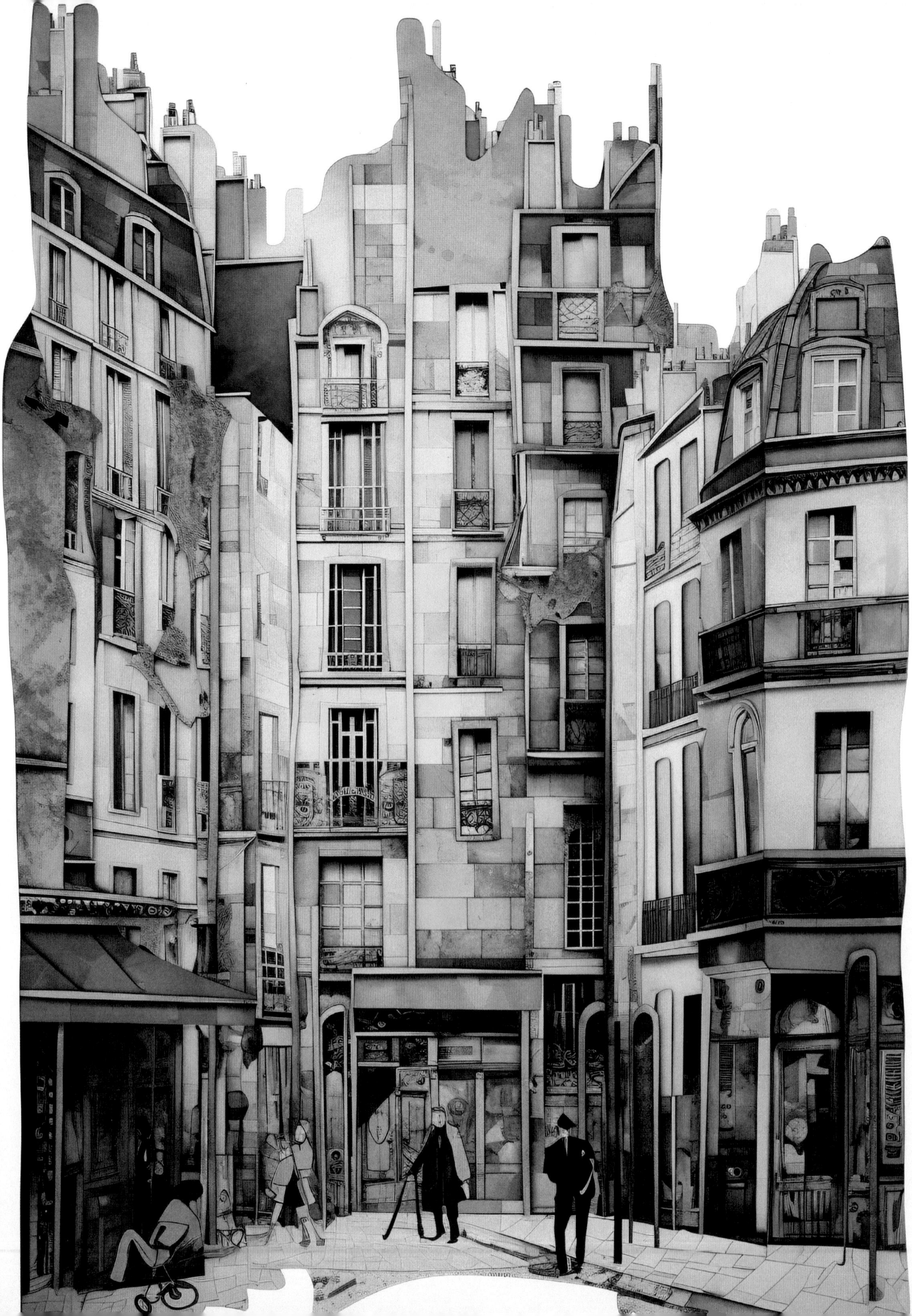

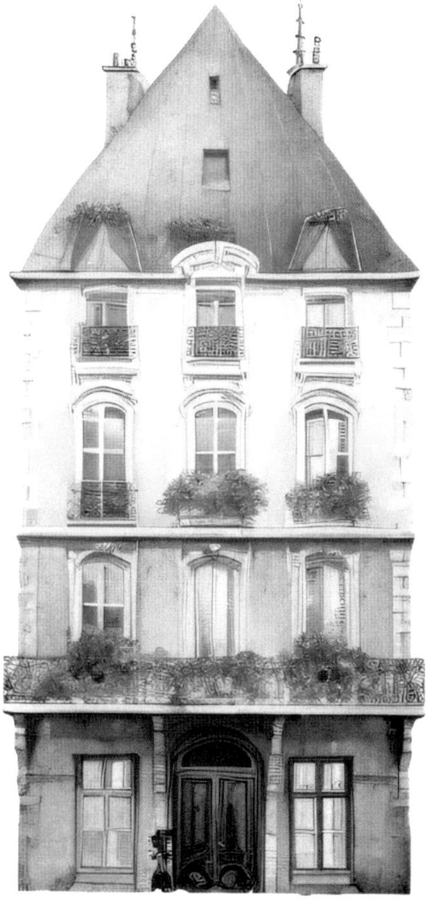
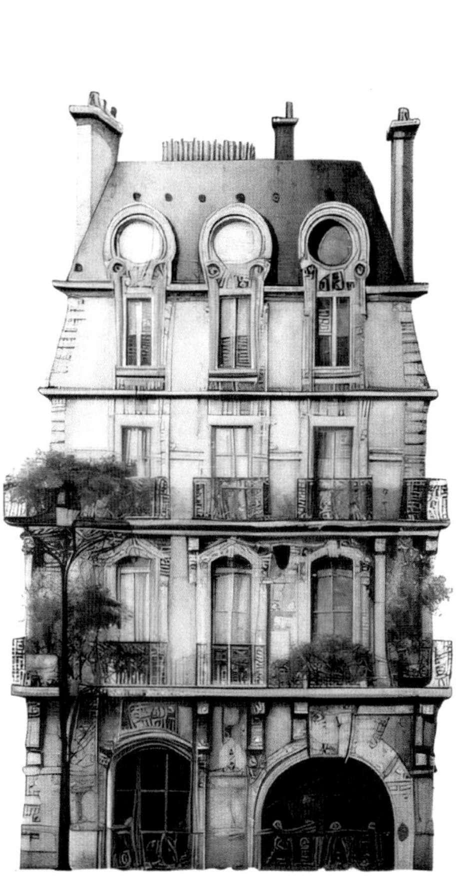
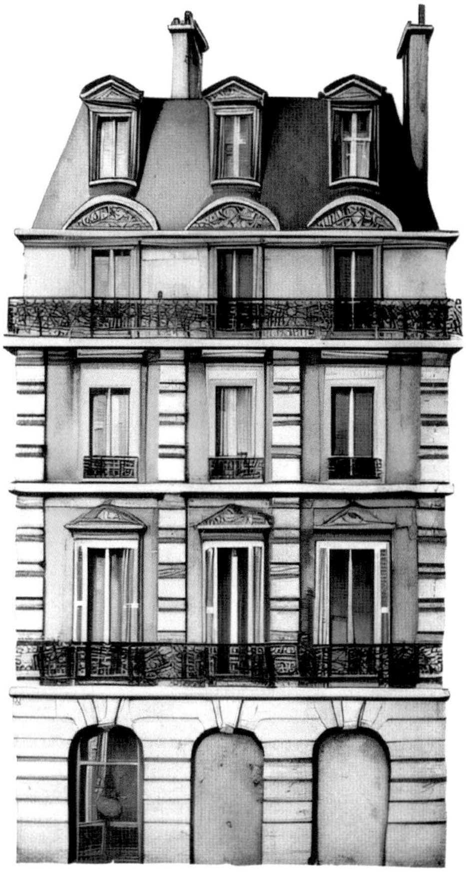
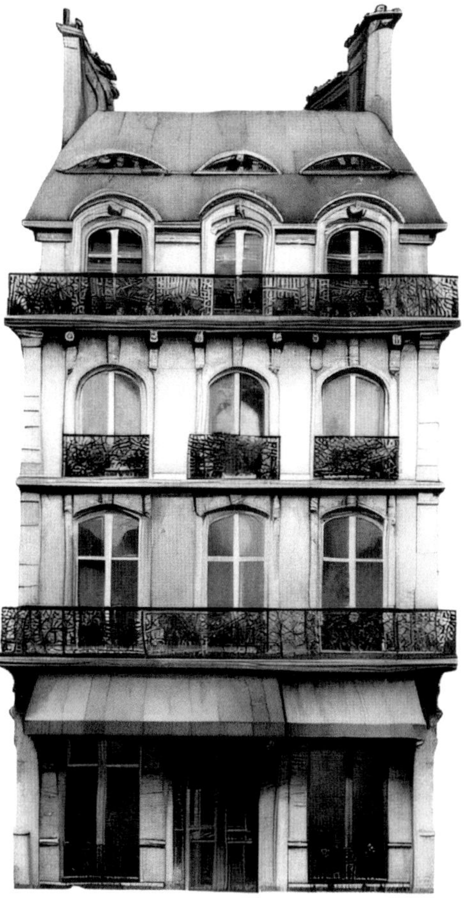
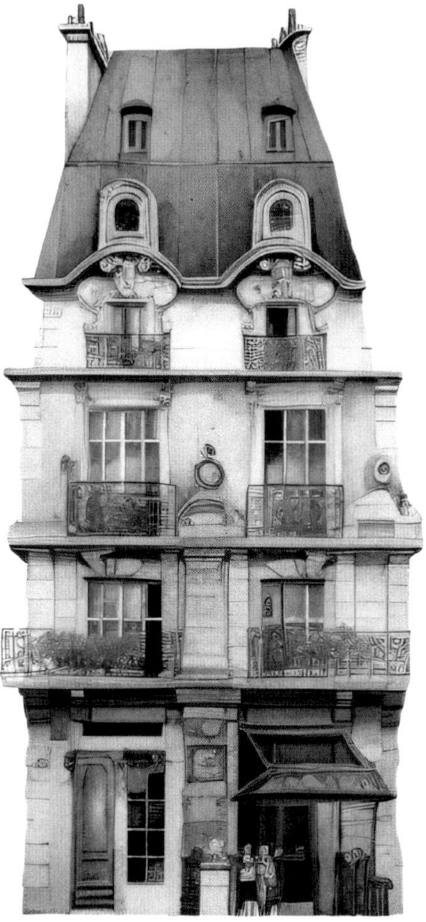
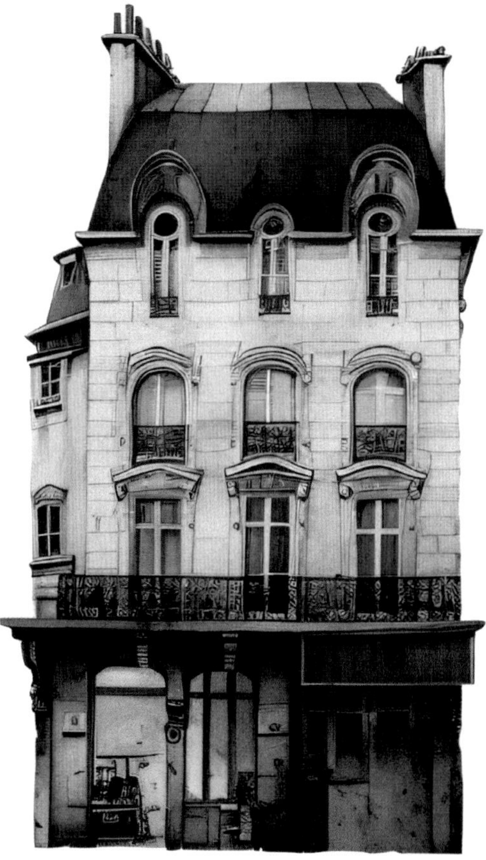

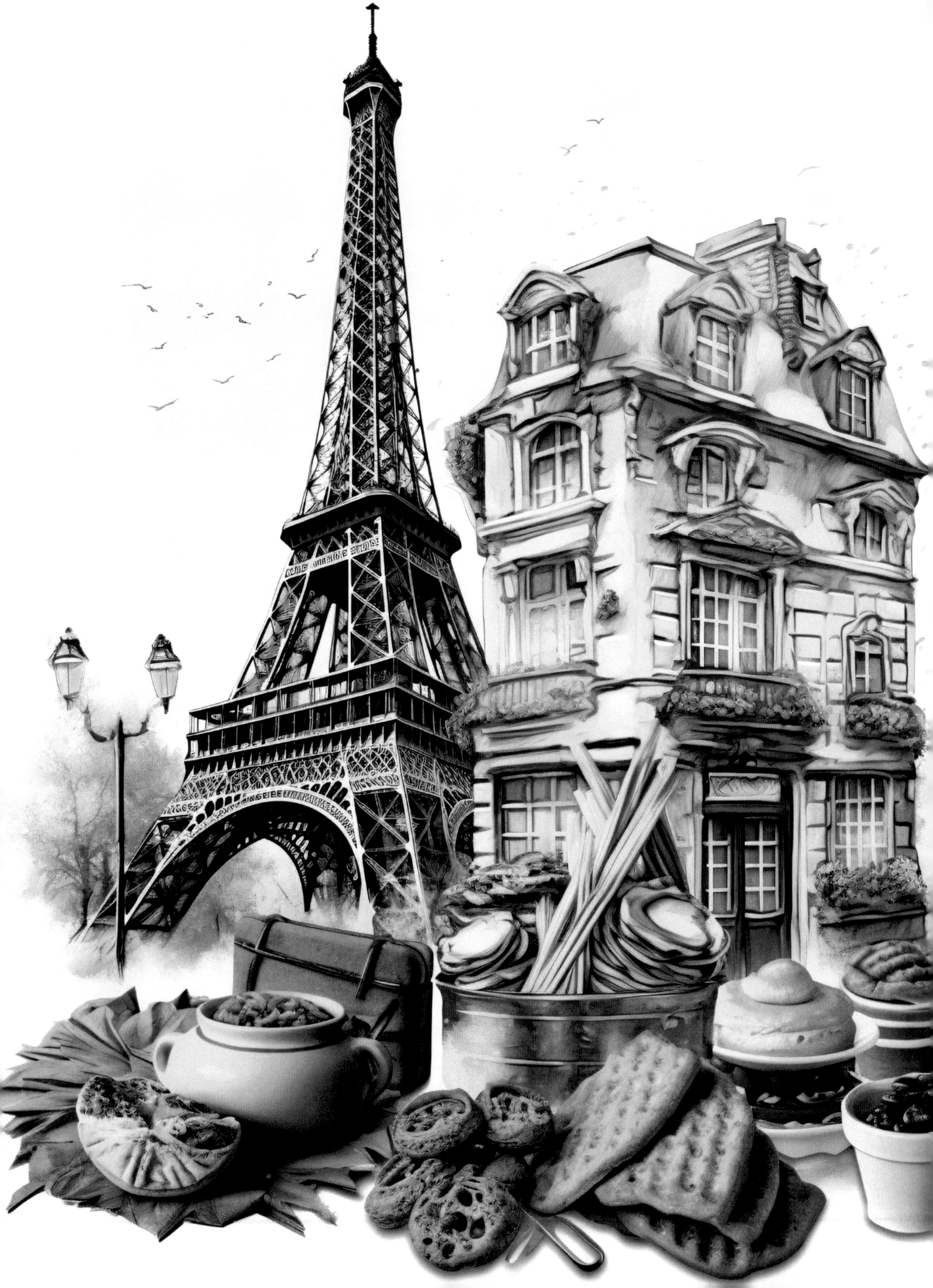

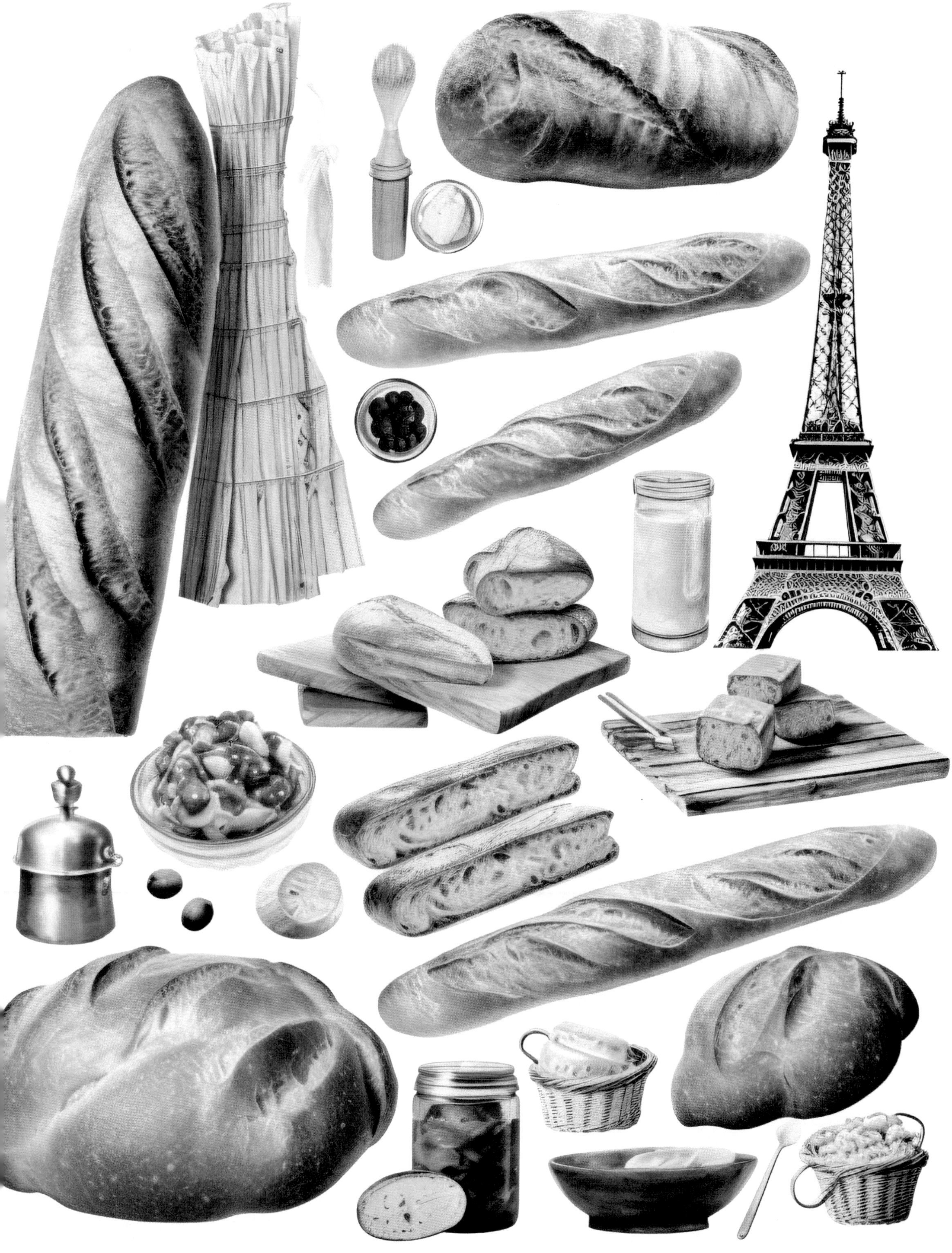

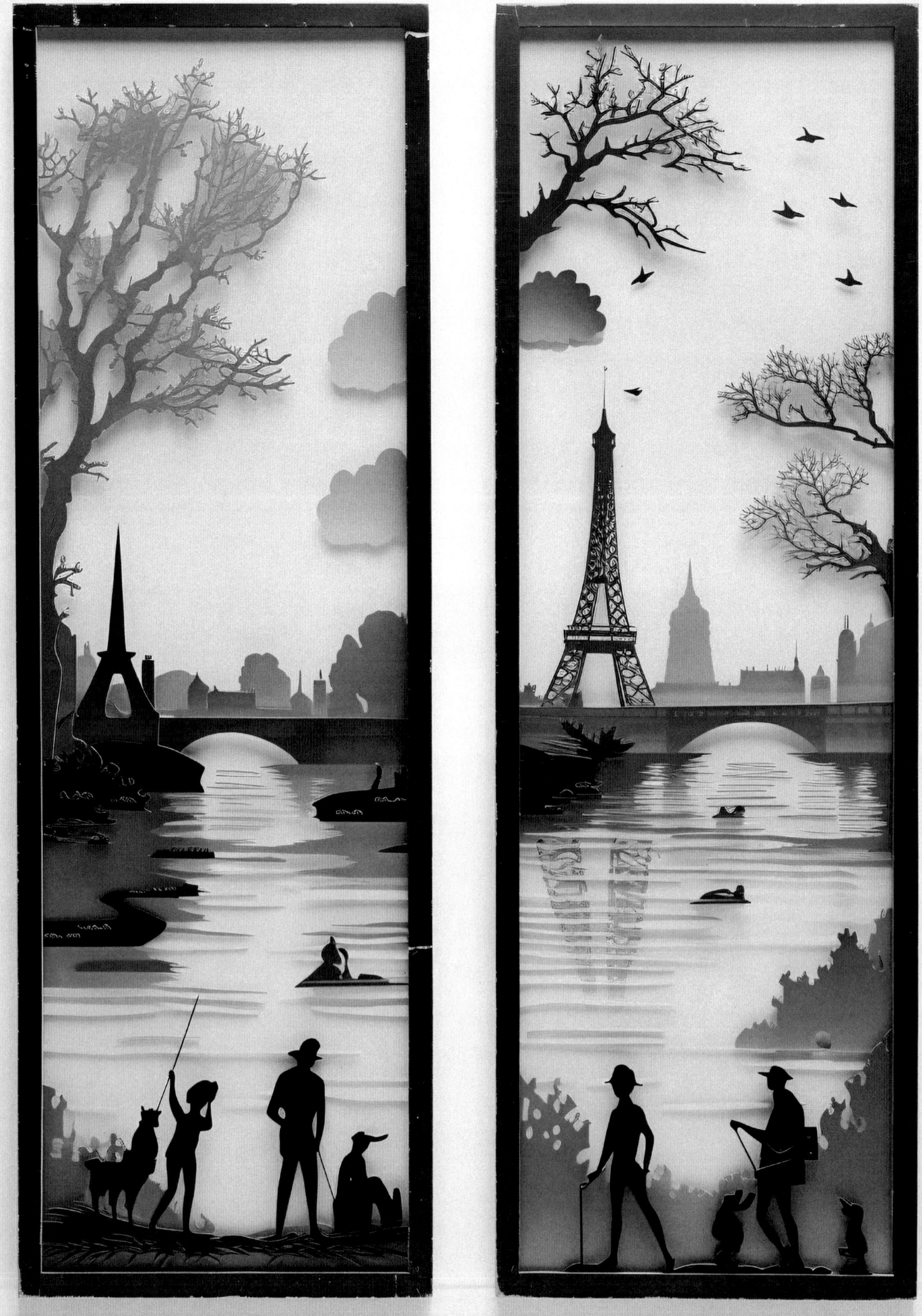

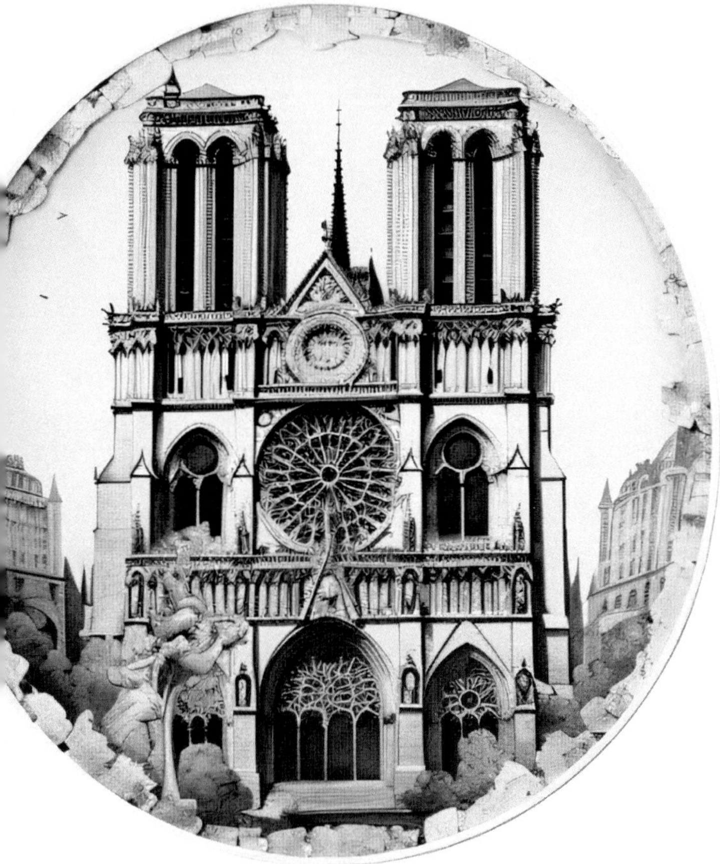
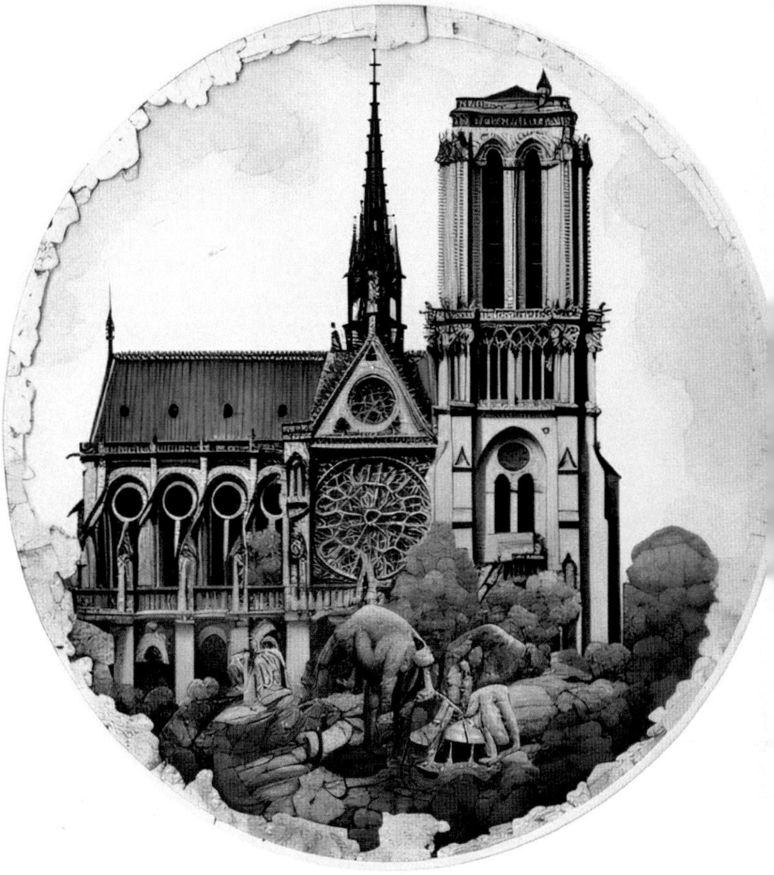
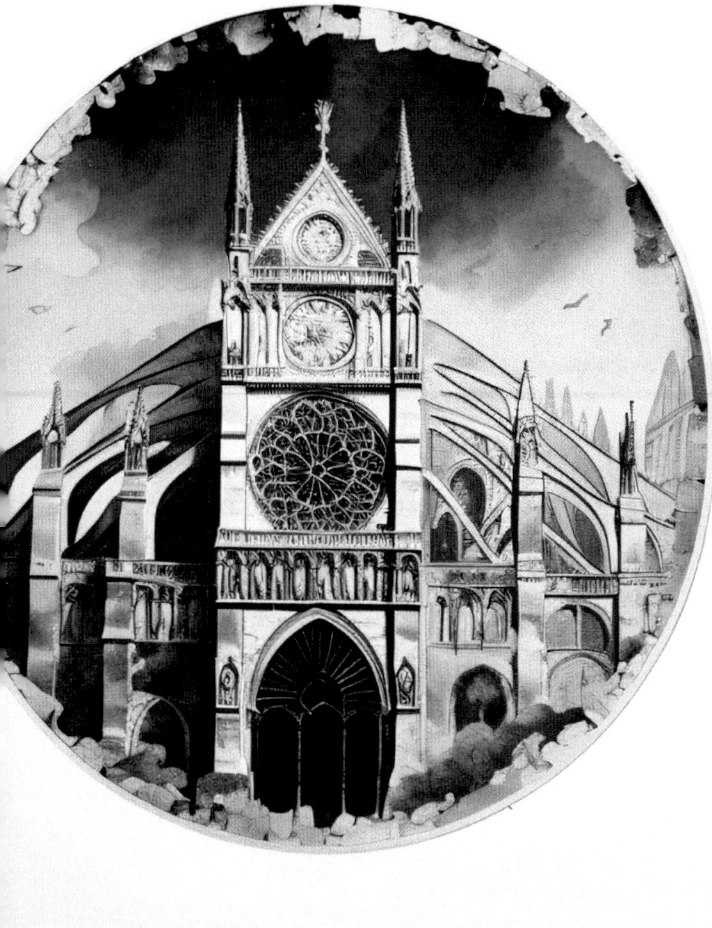
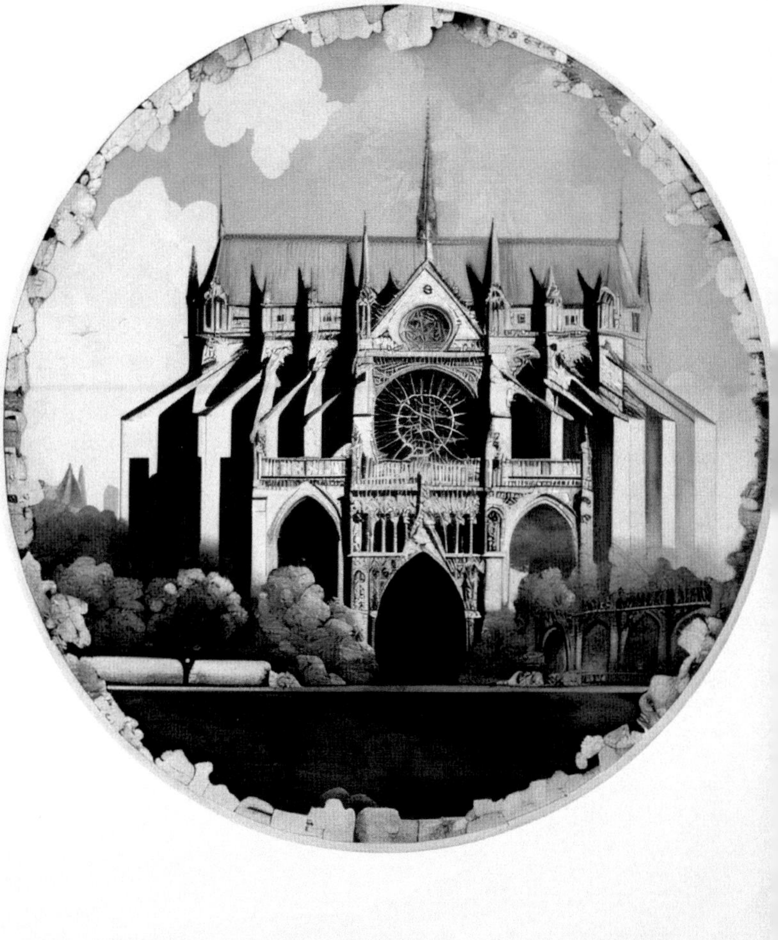

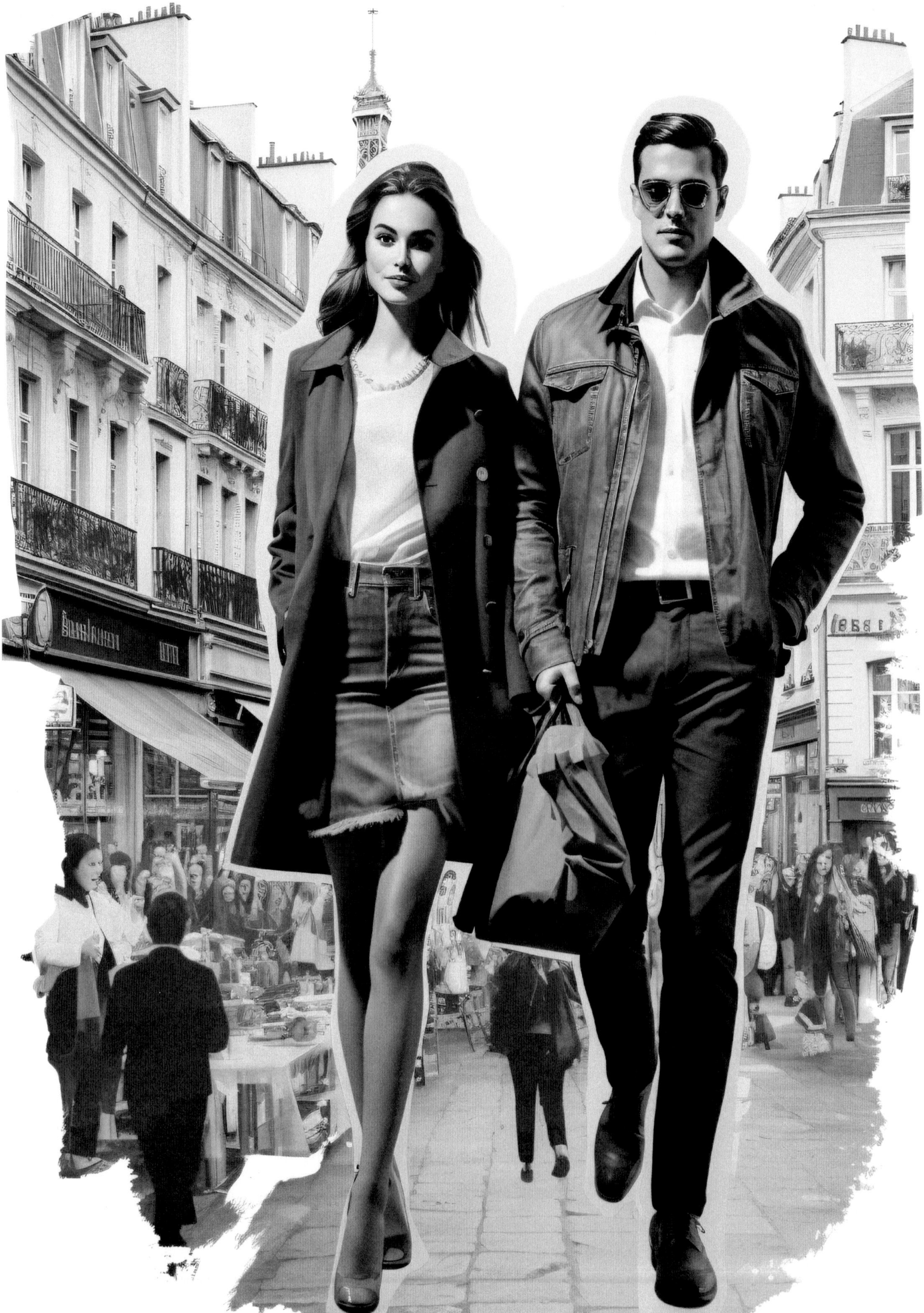

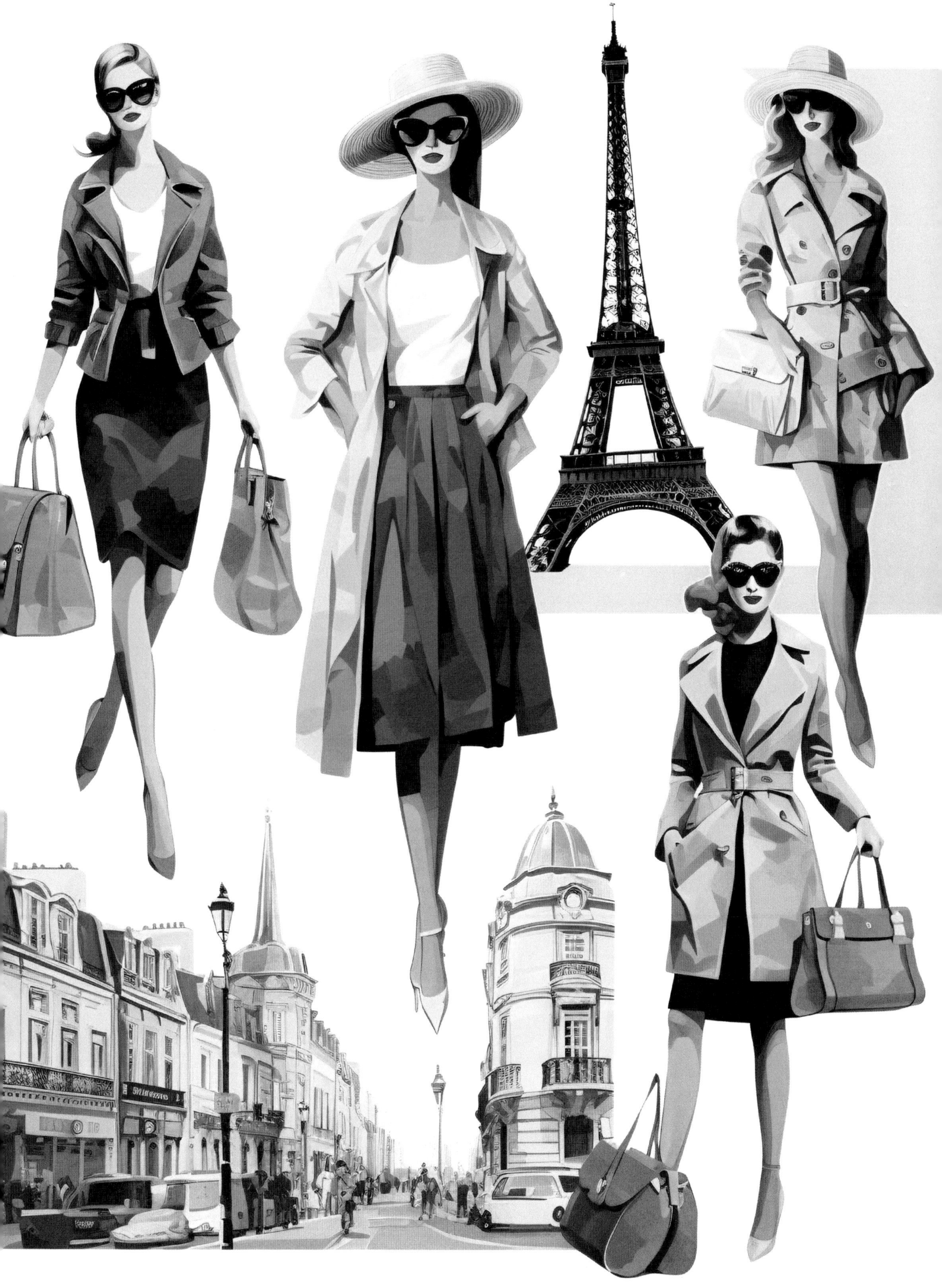

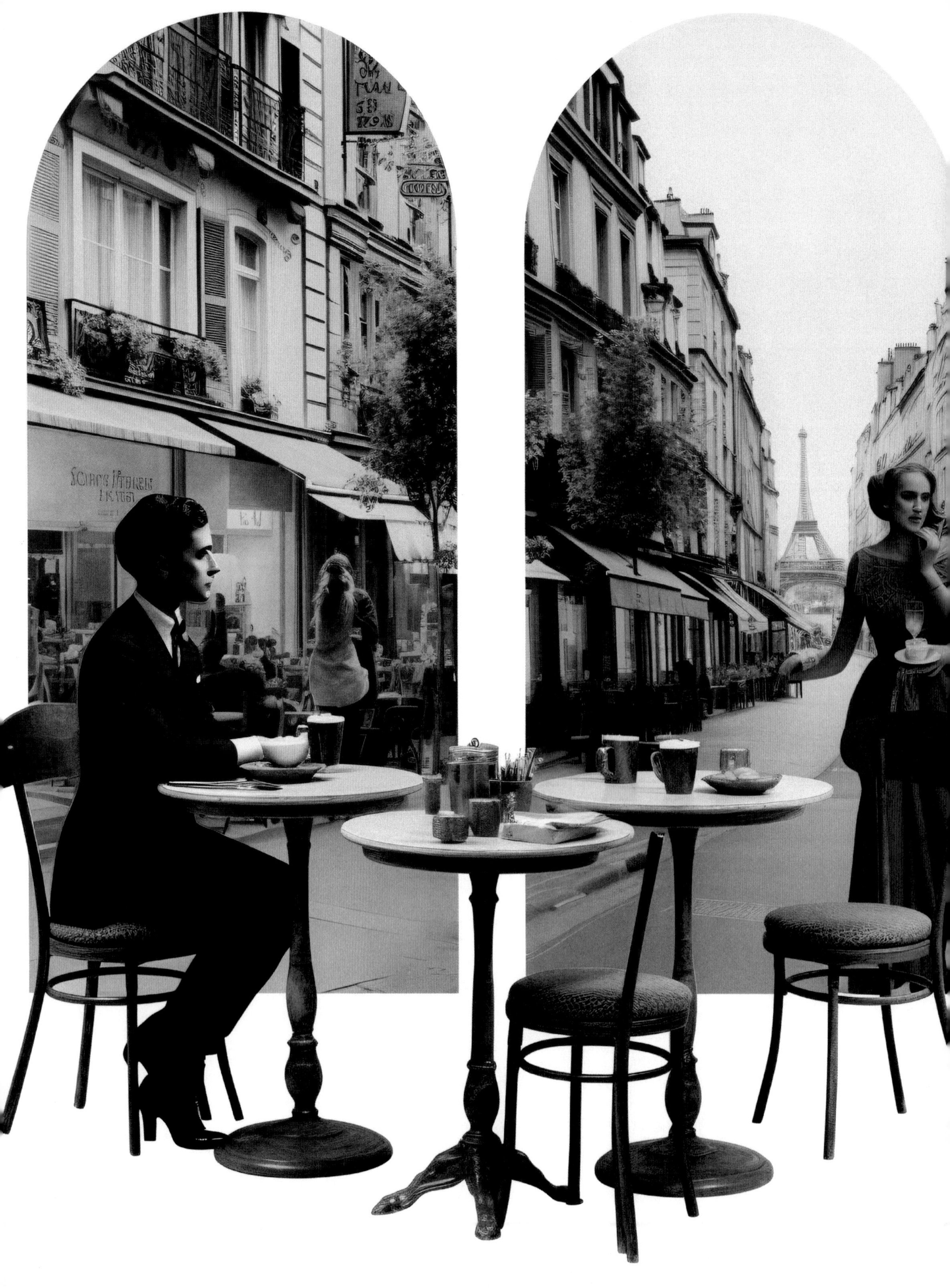

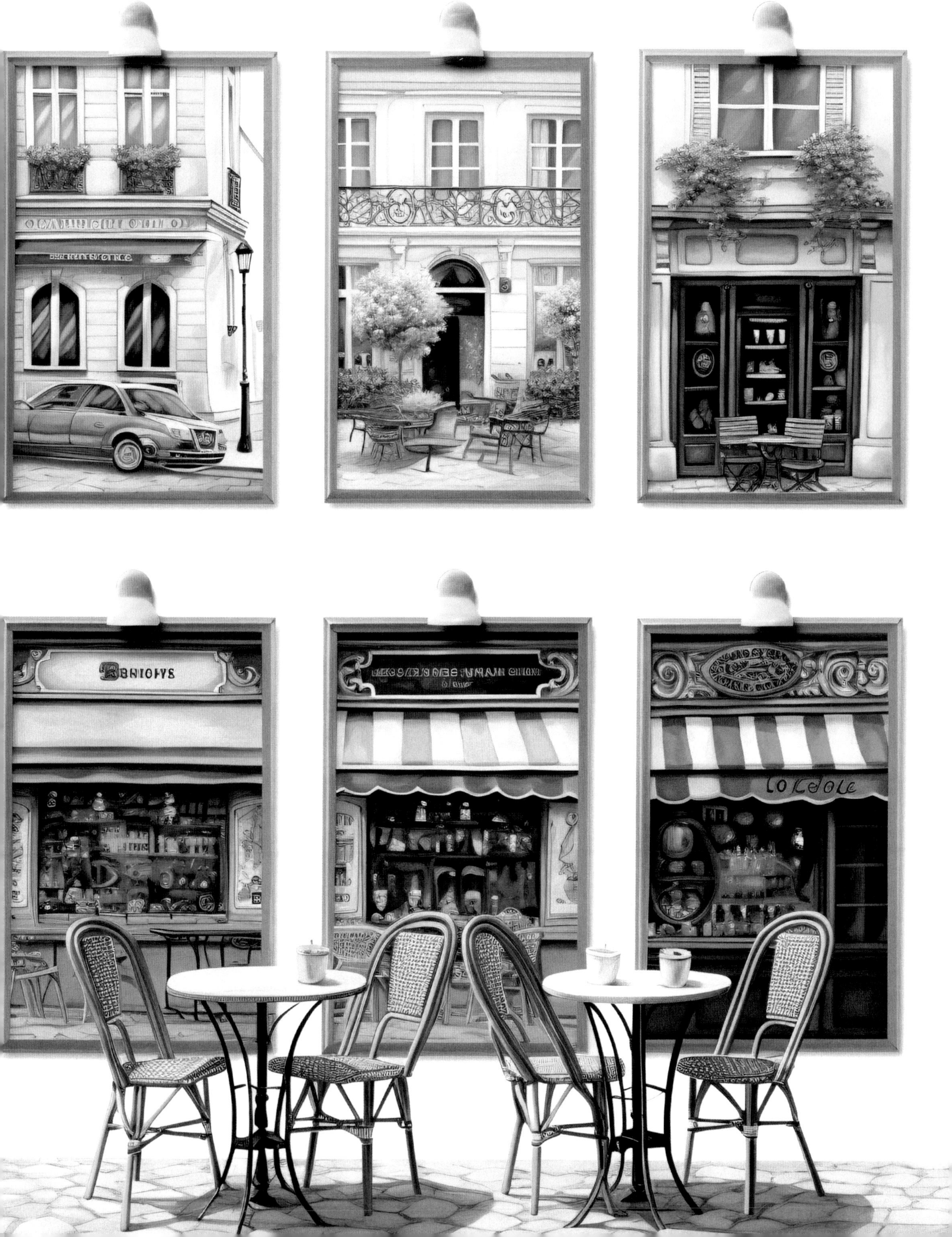

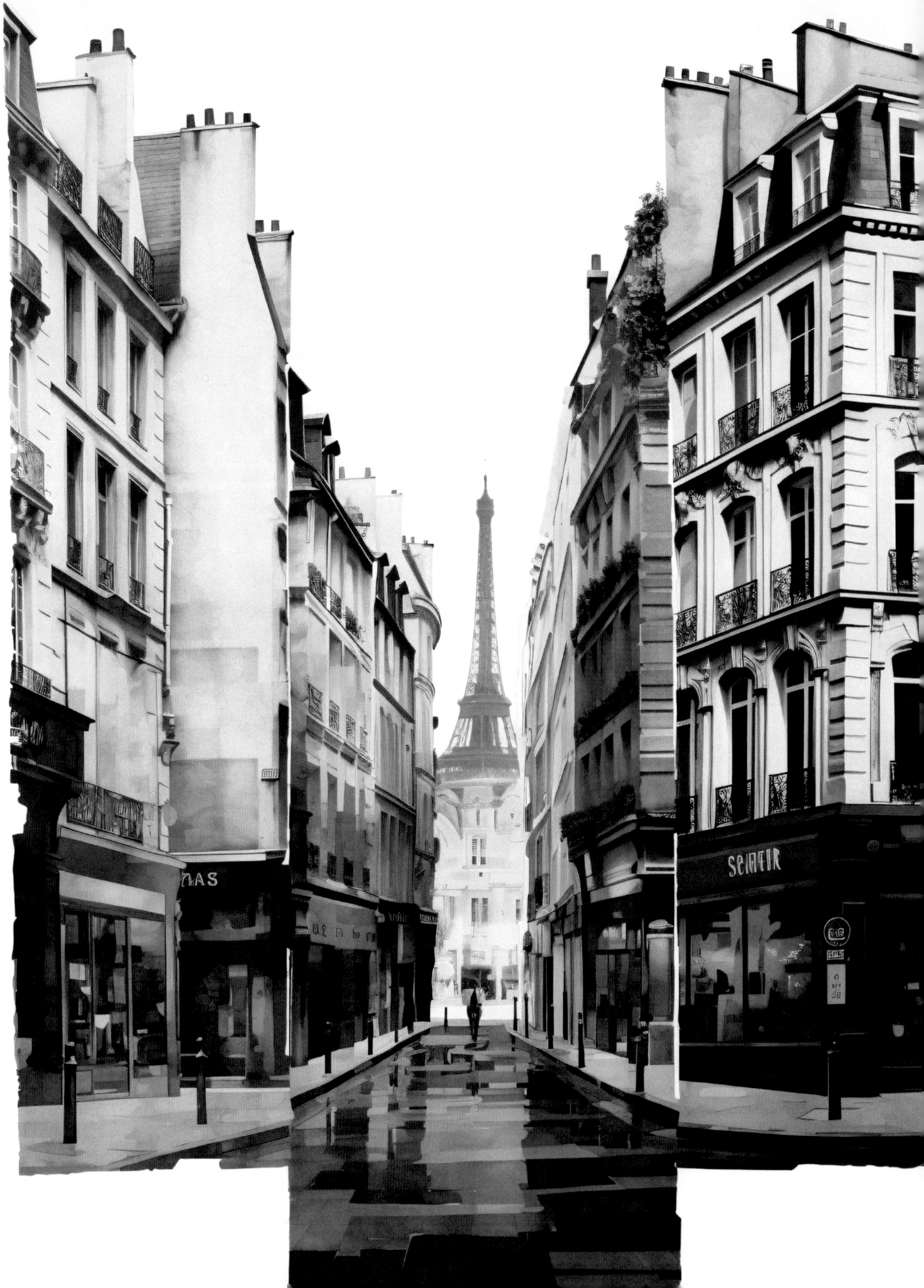

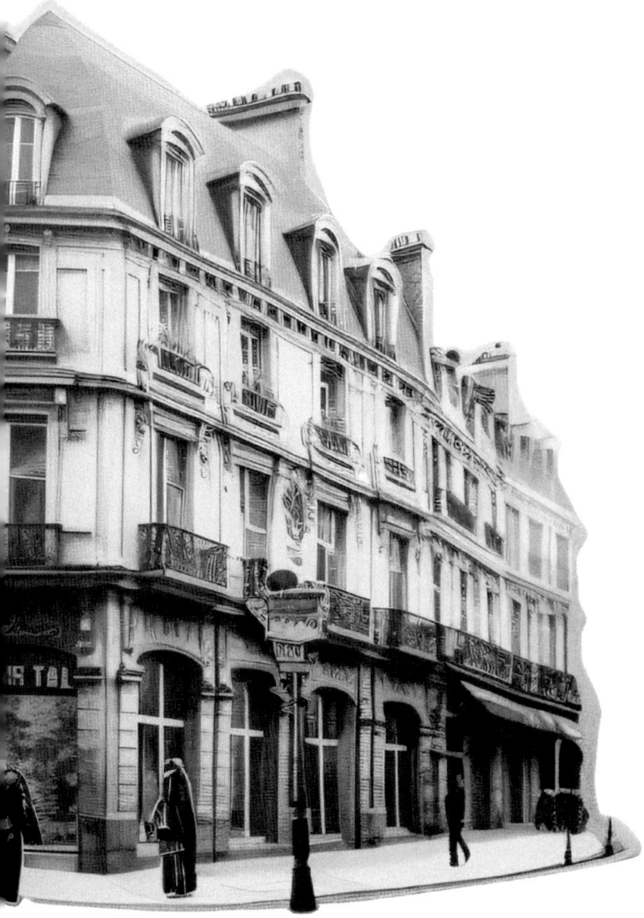

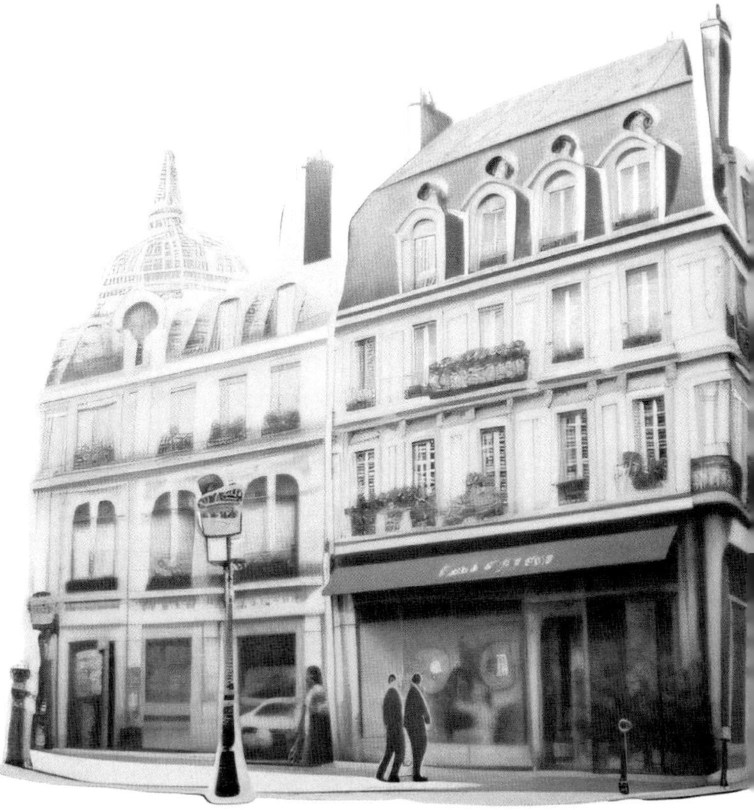

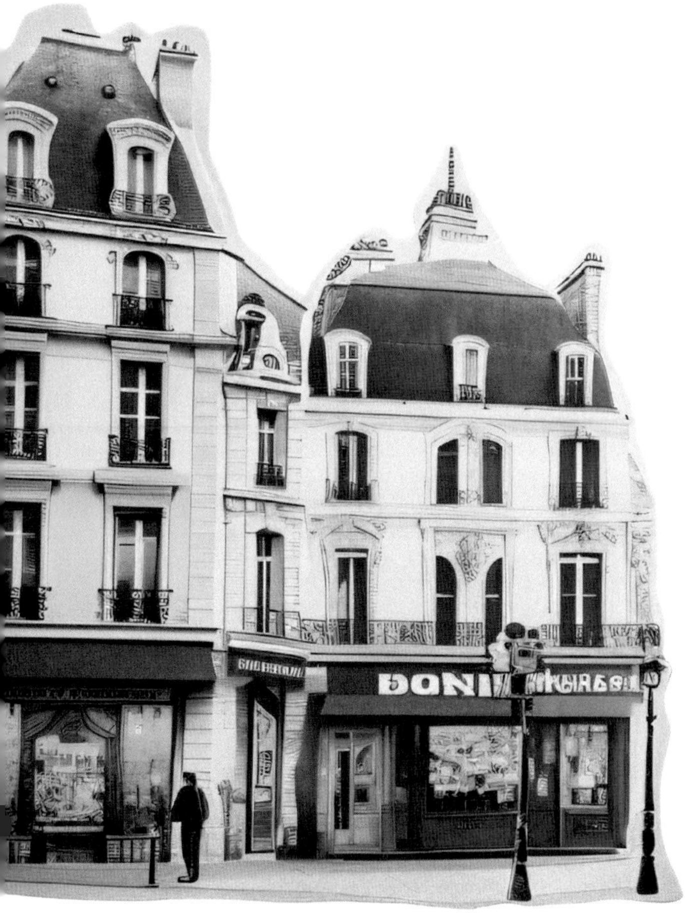
DONI

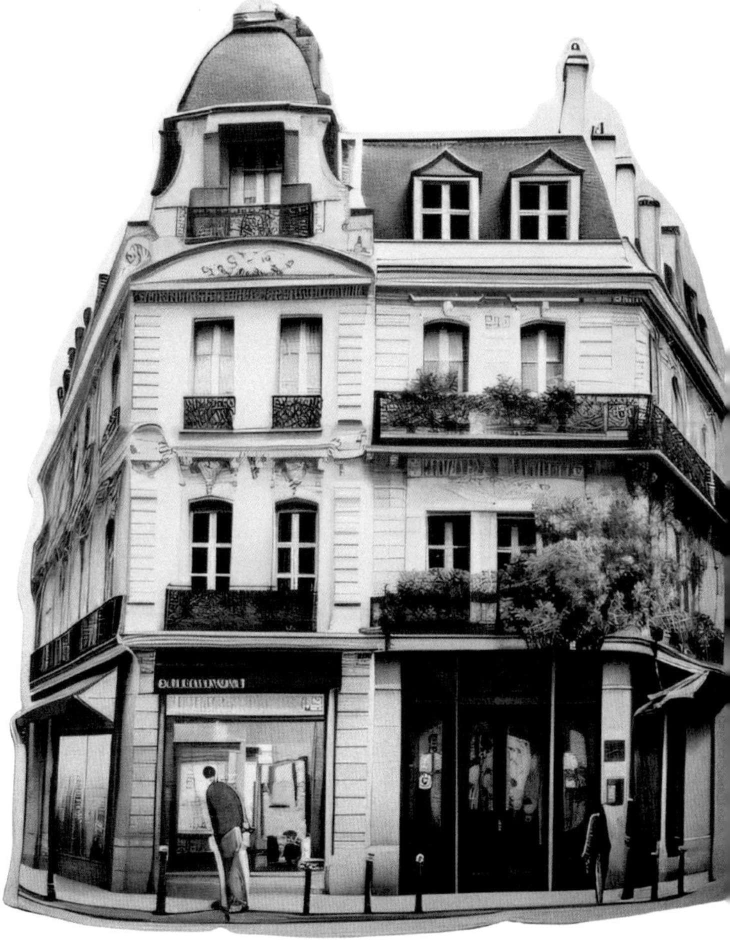

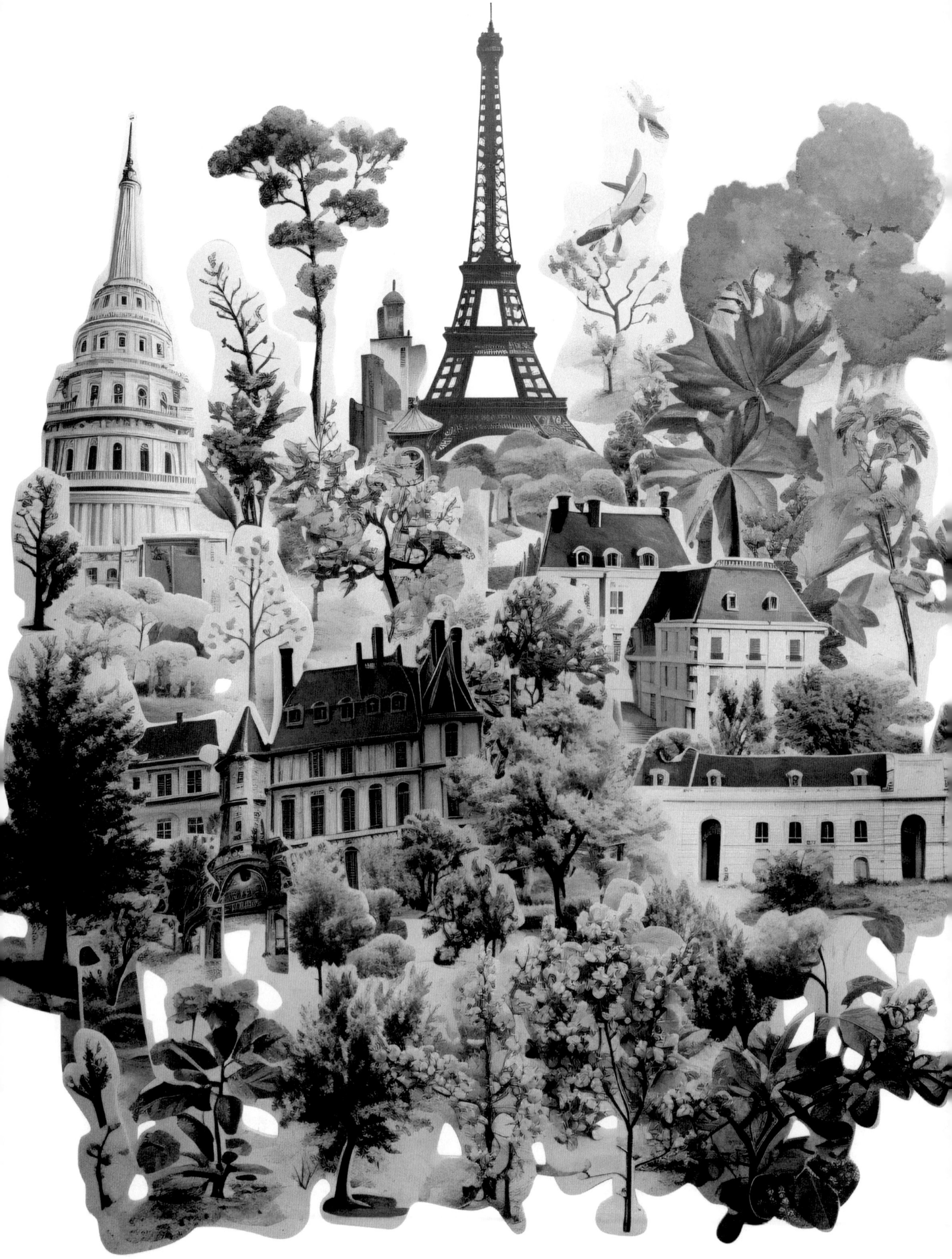

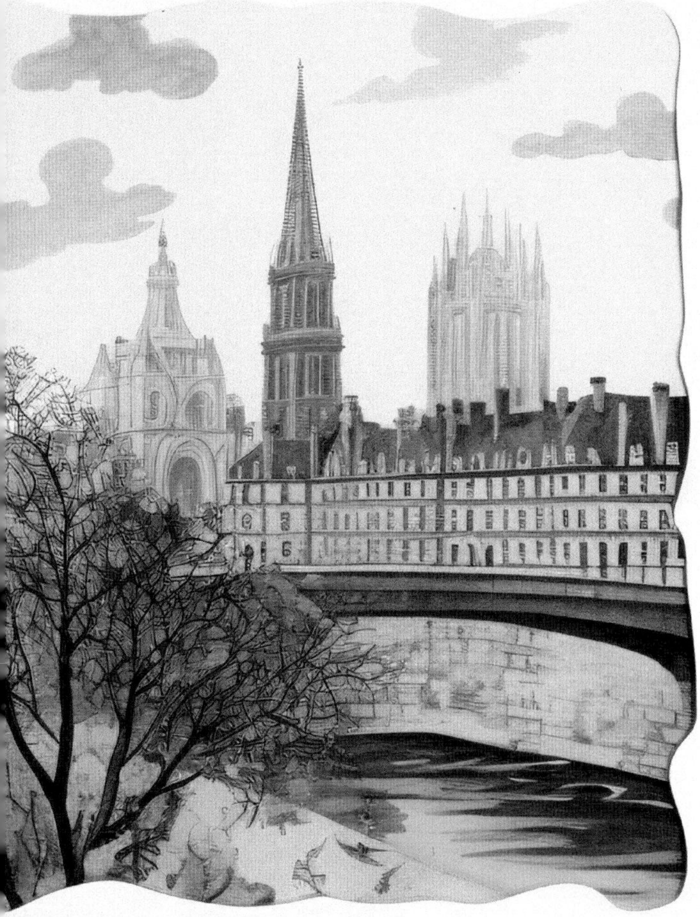
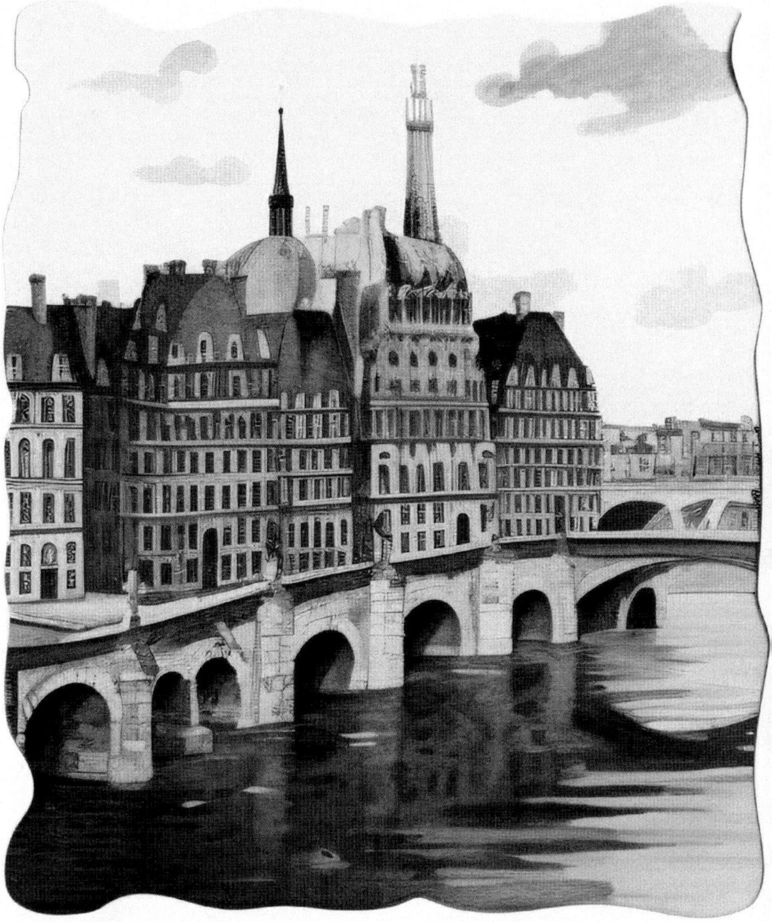
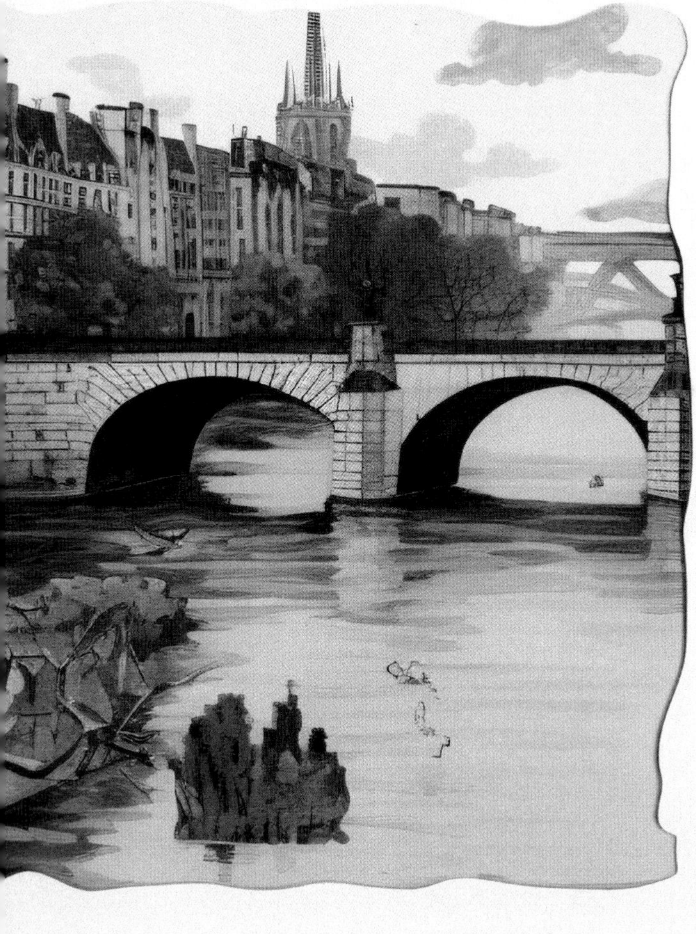
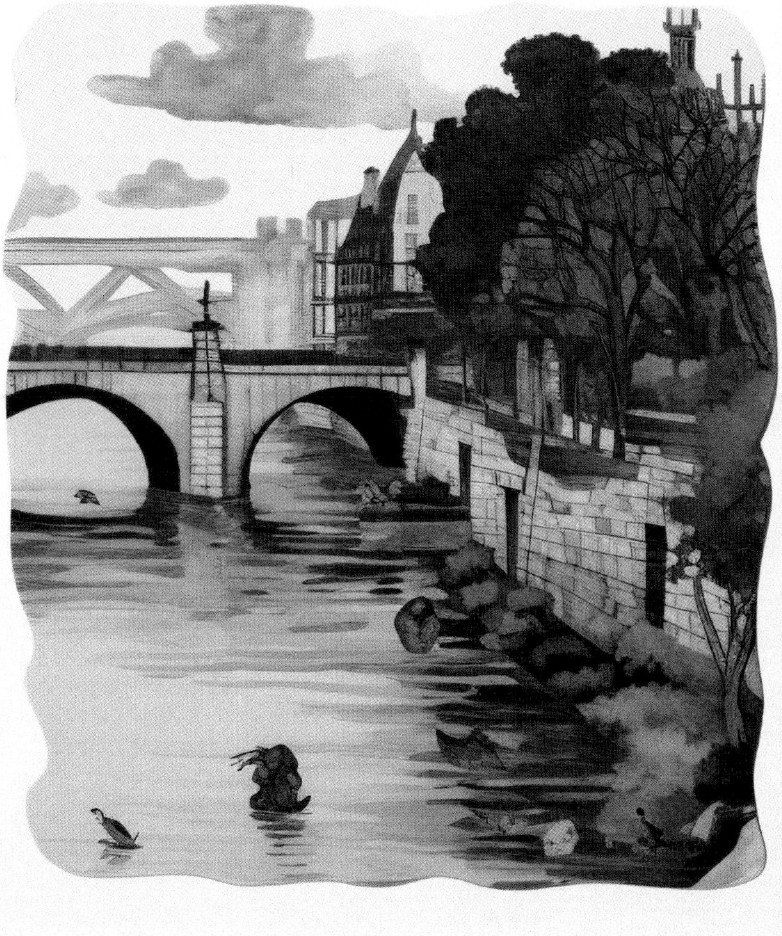

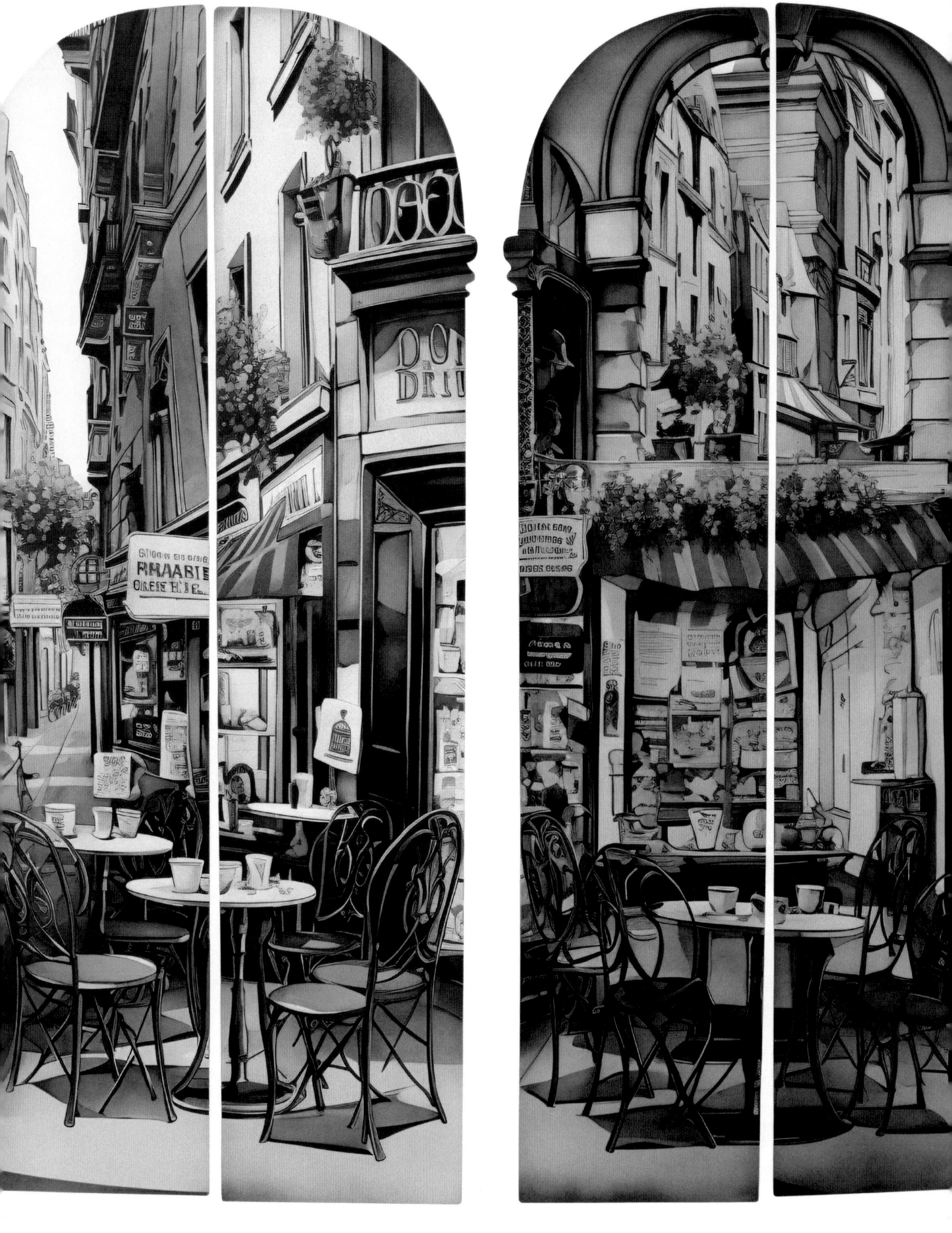

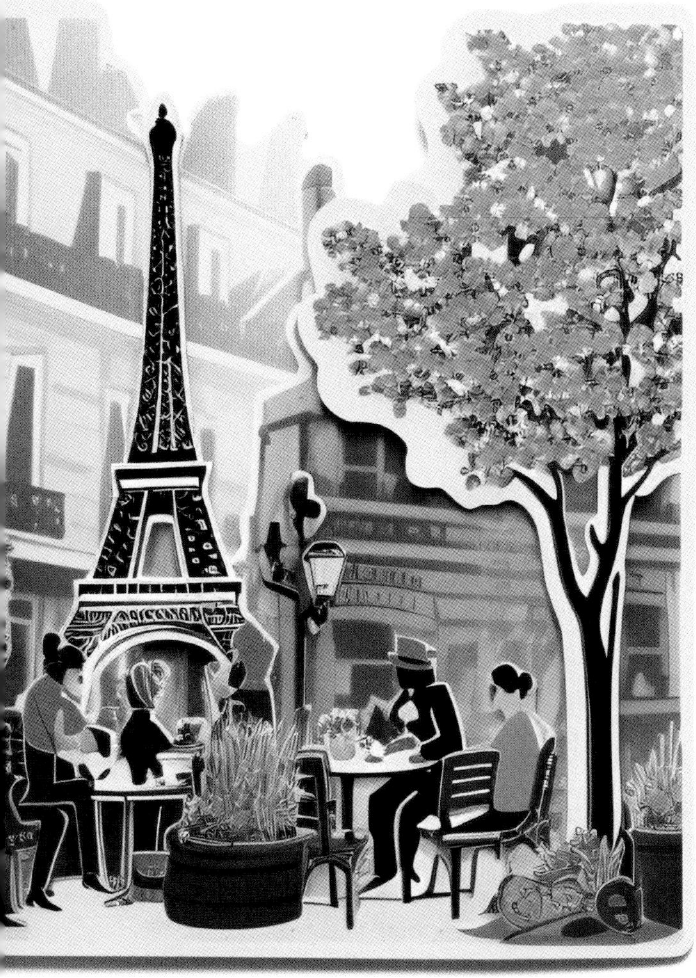

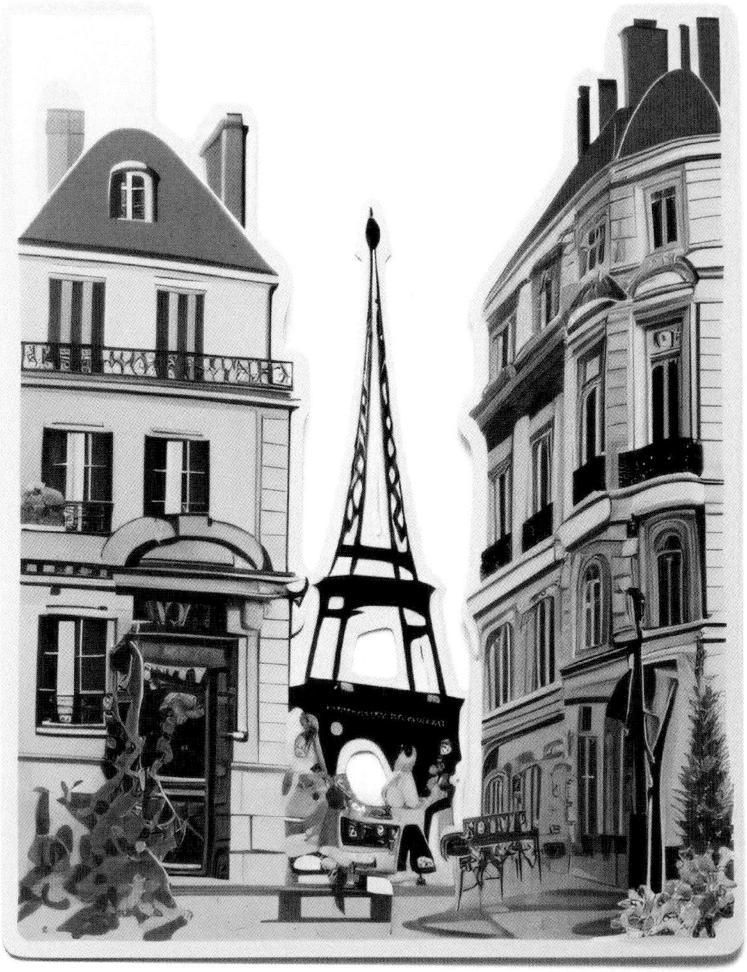

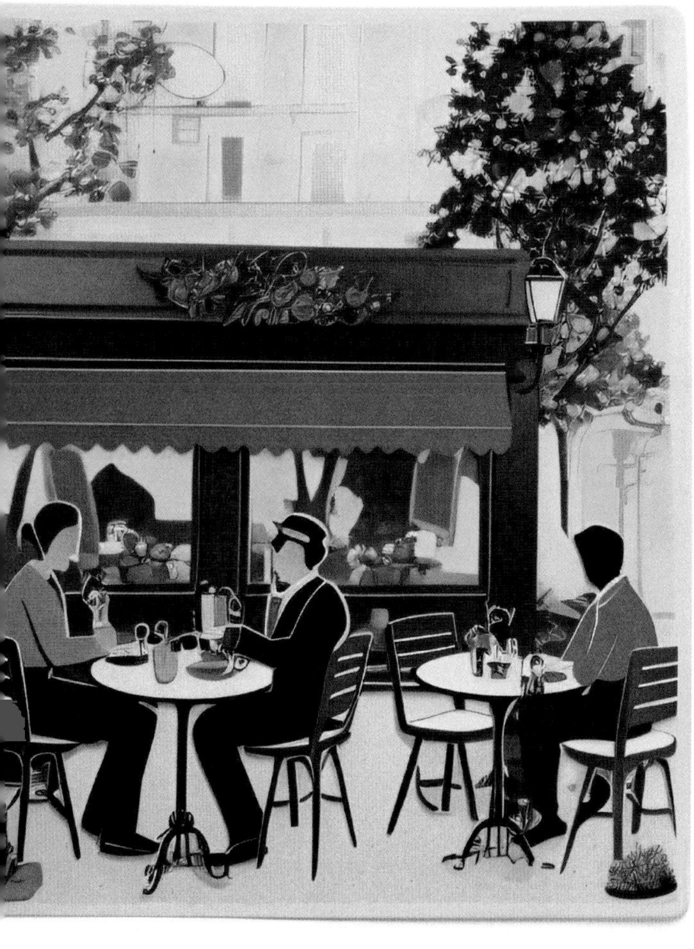

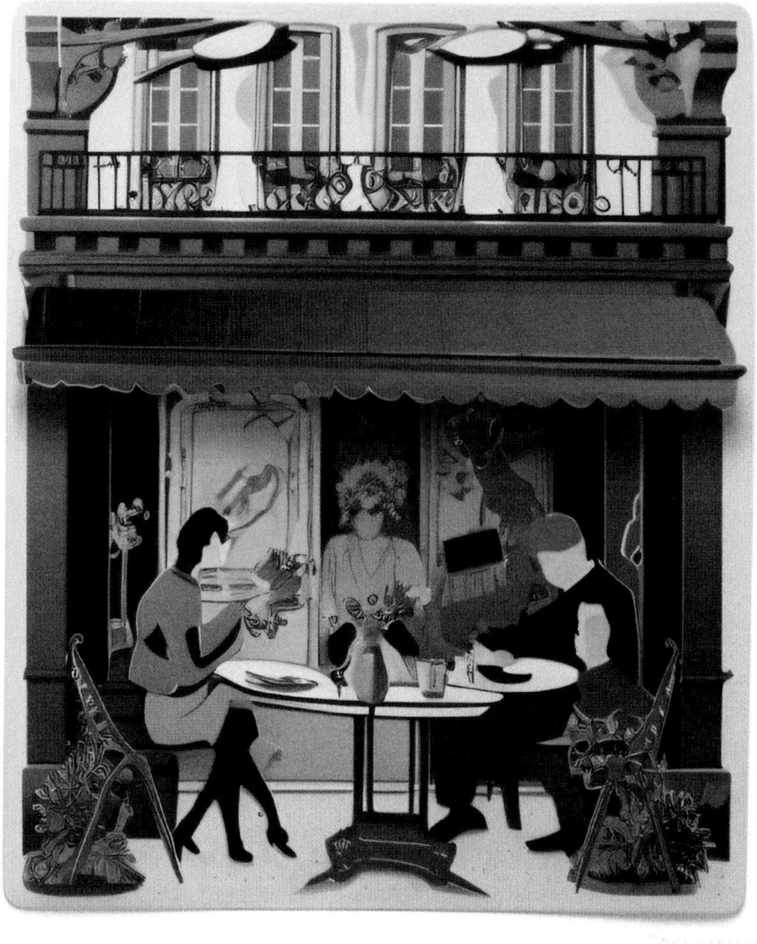

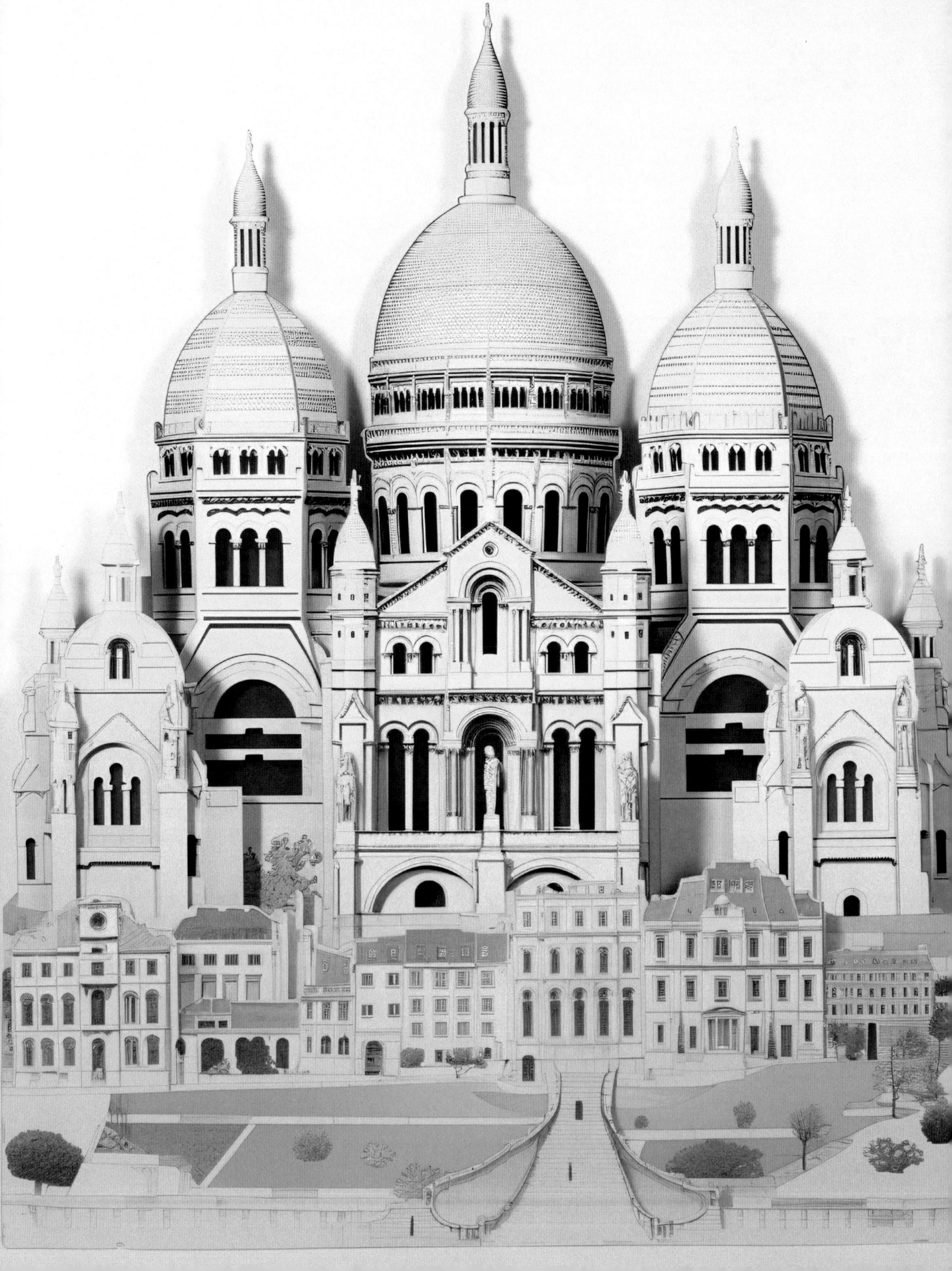

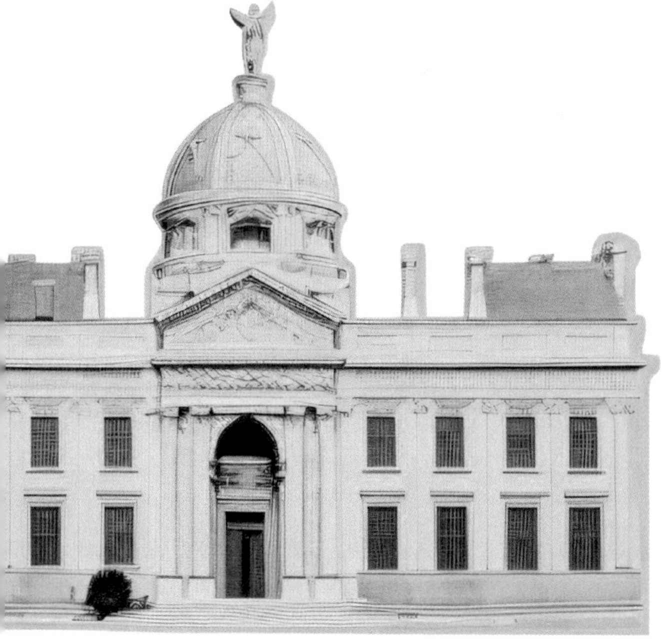
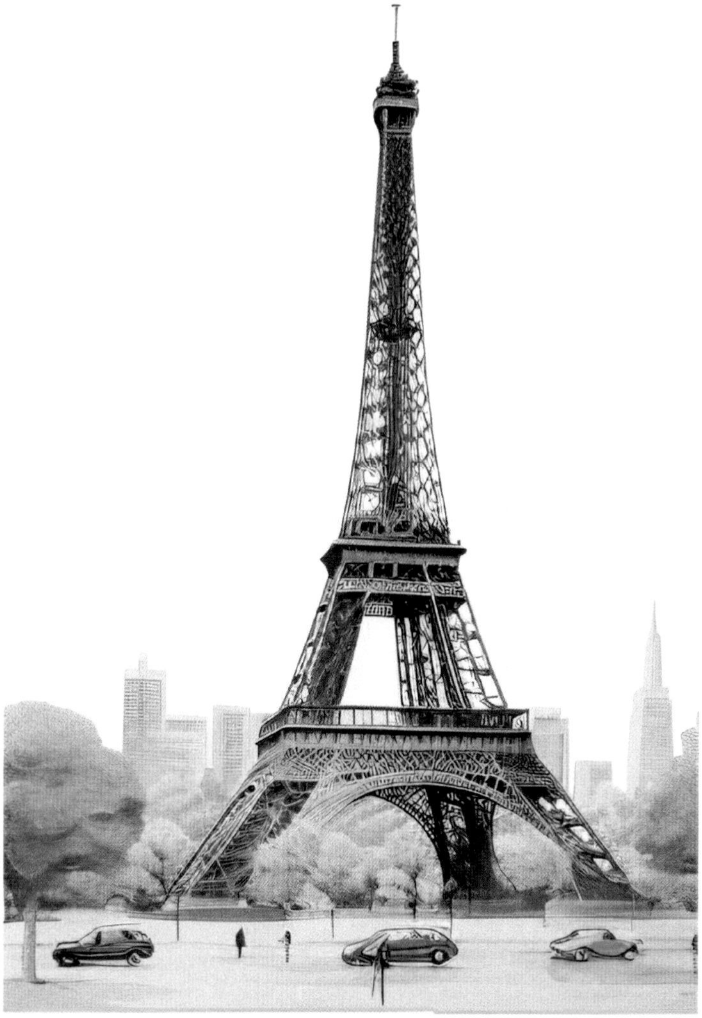
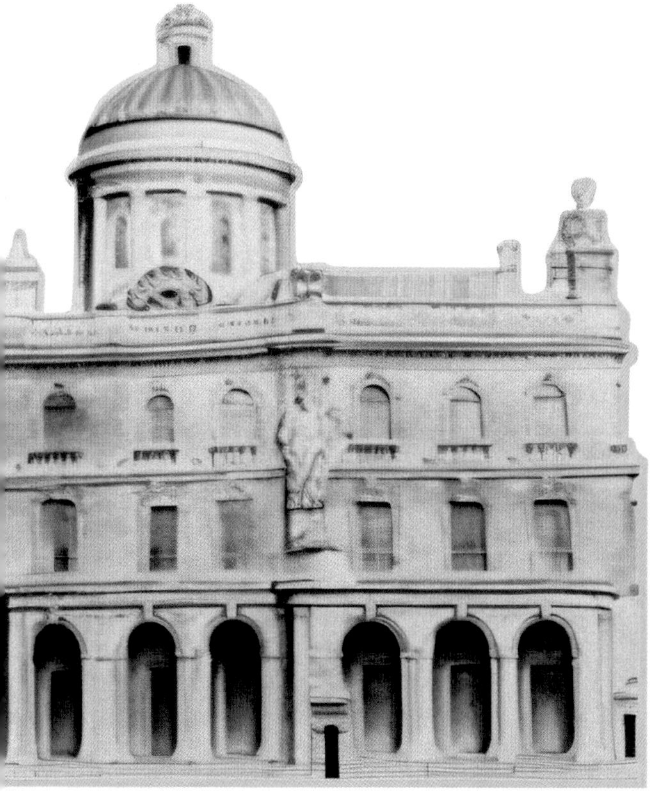
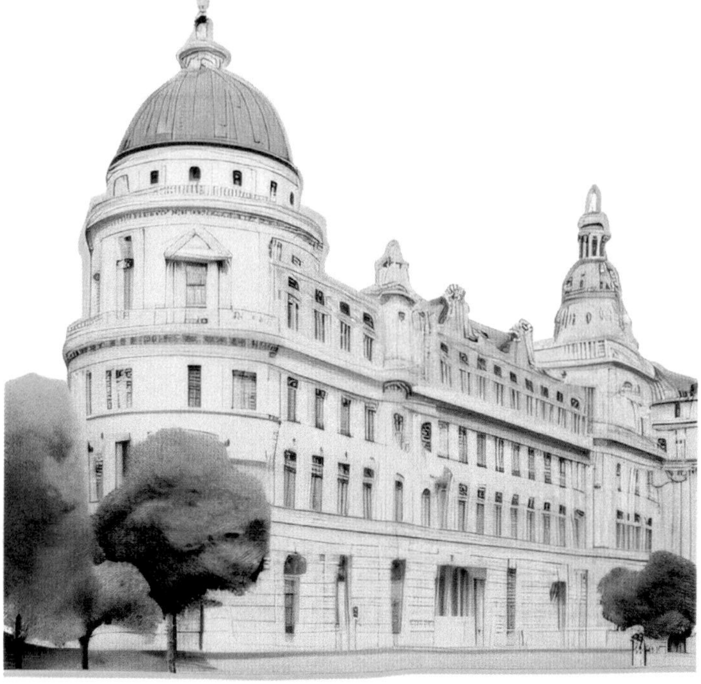

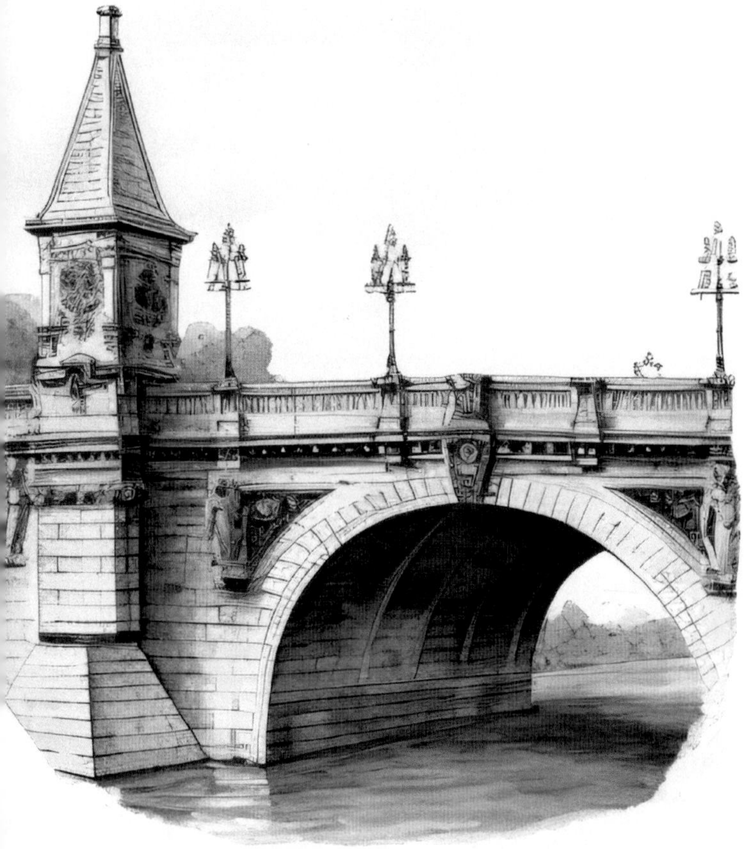
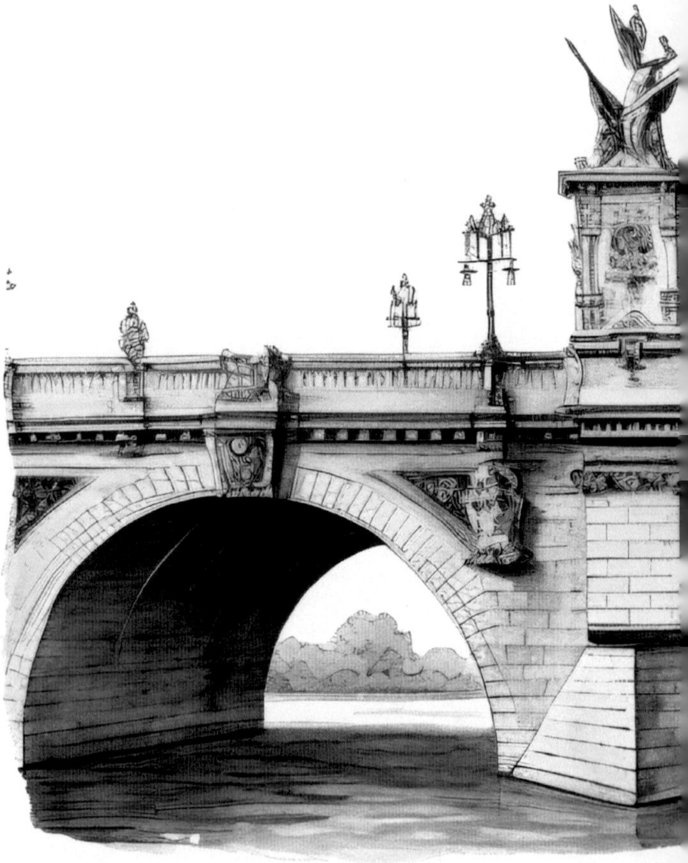

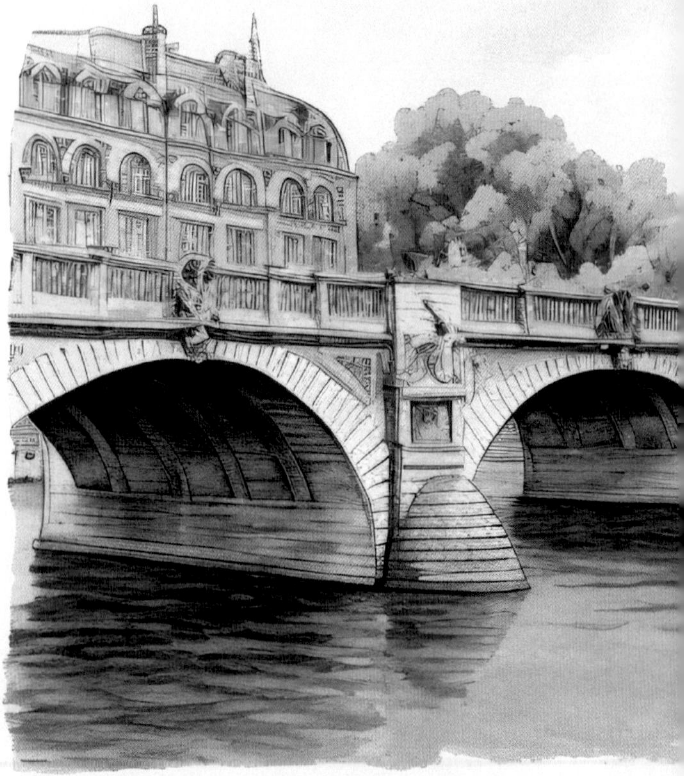

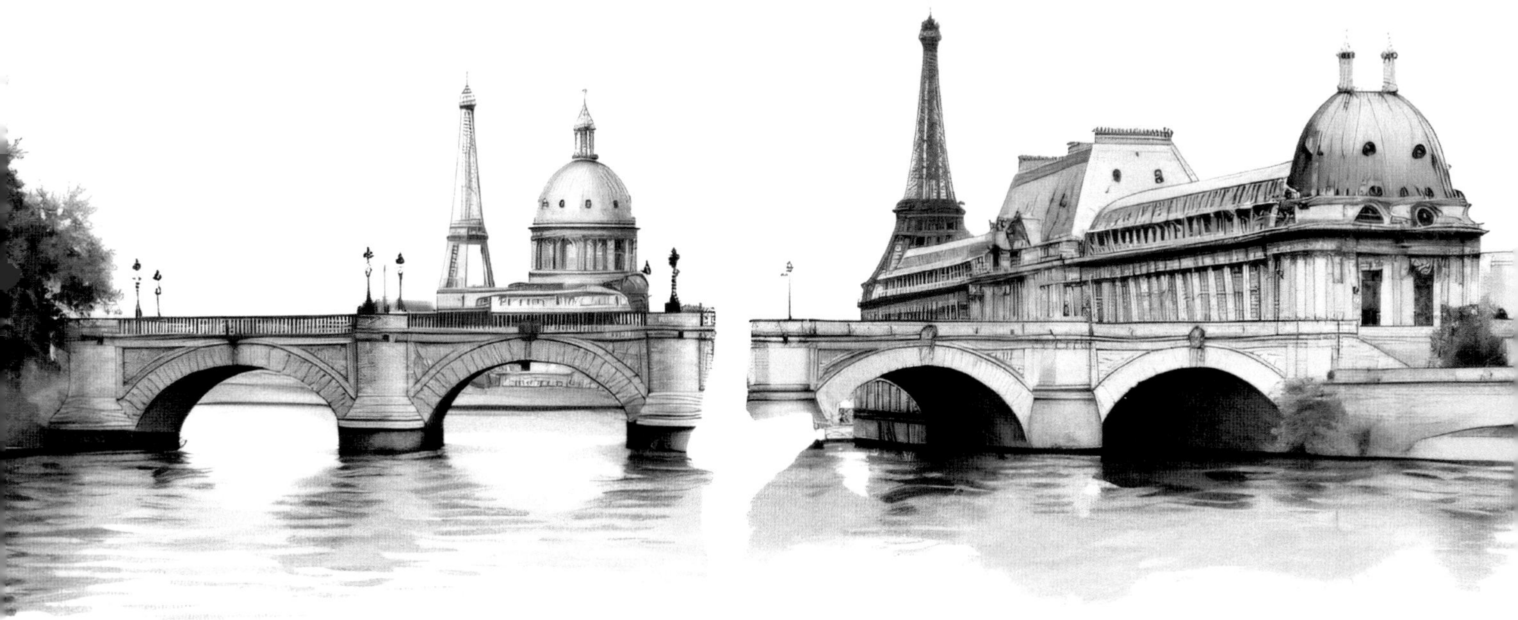

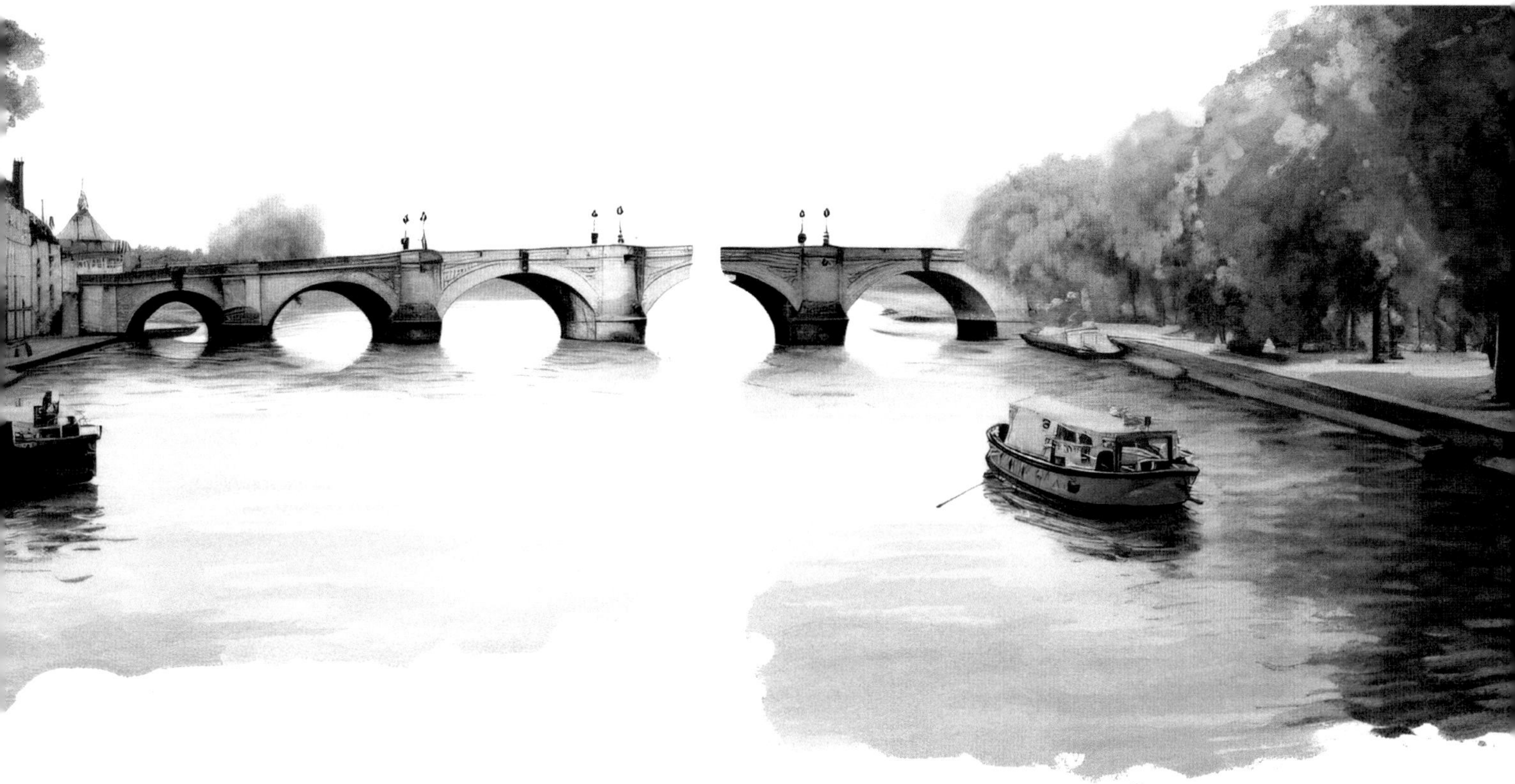

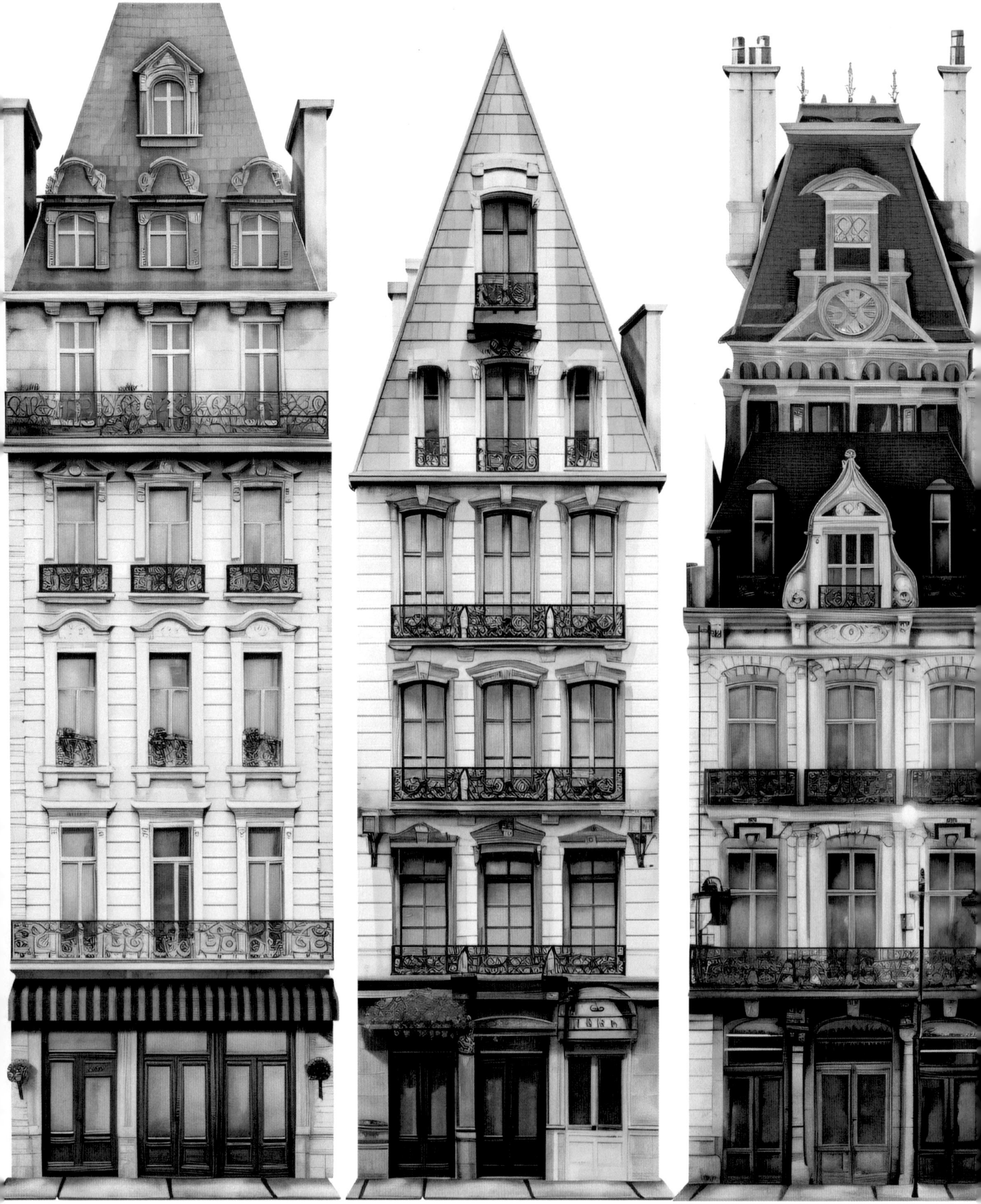

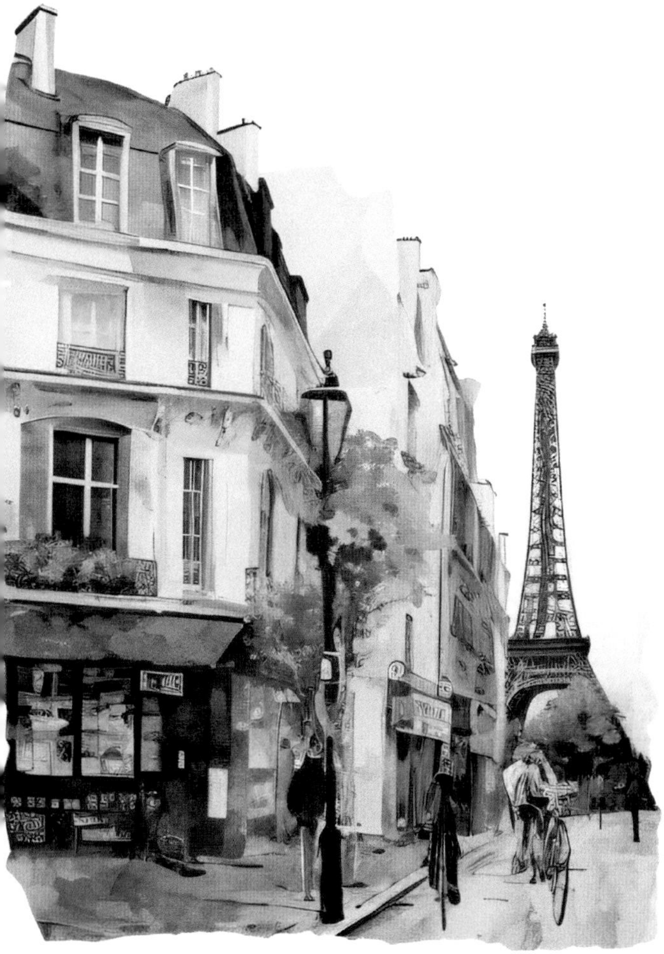
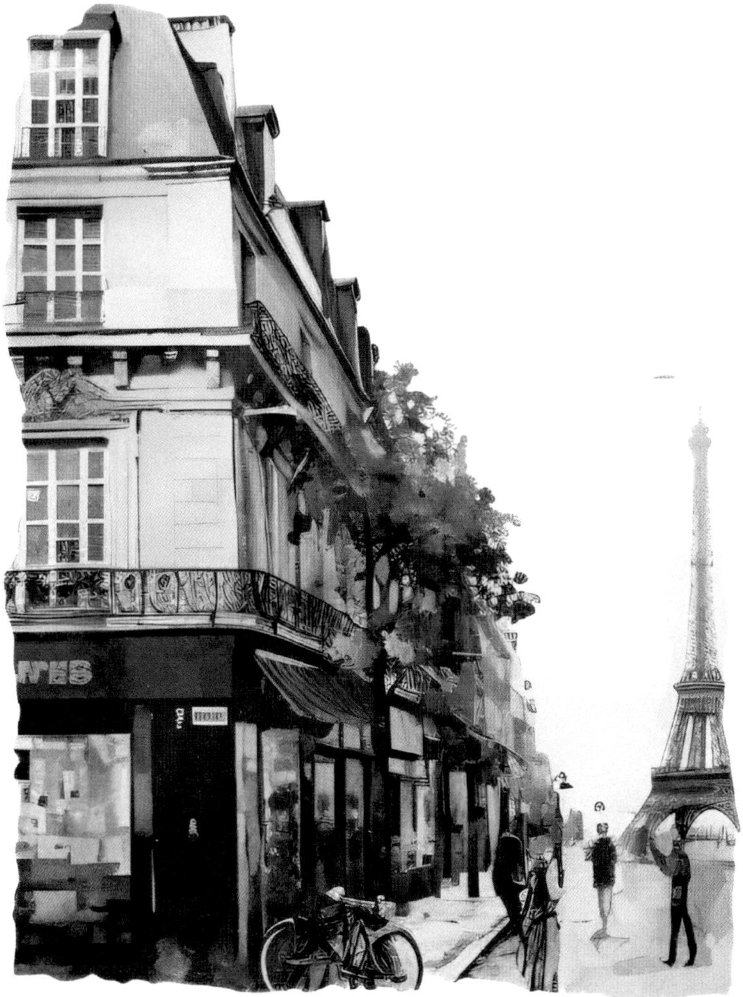
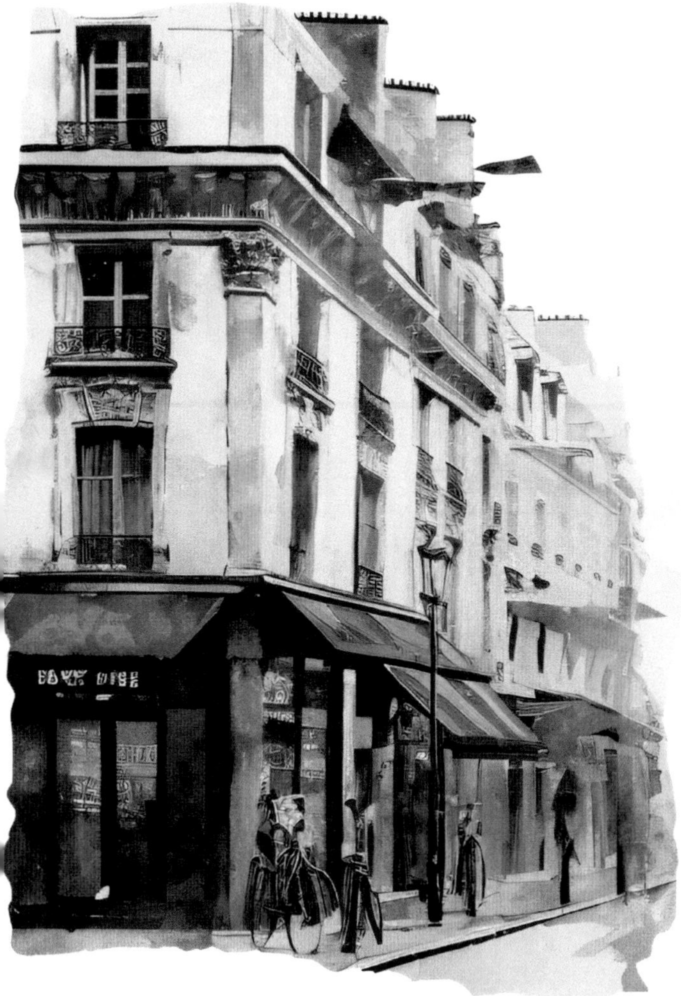
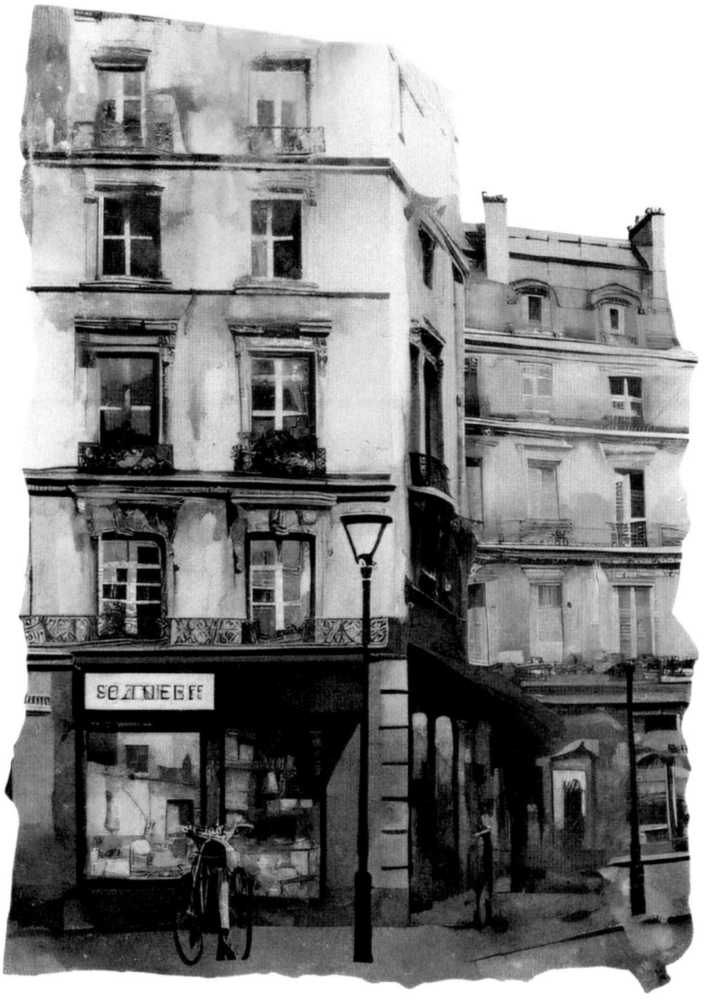

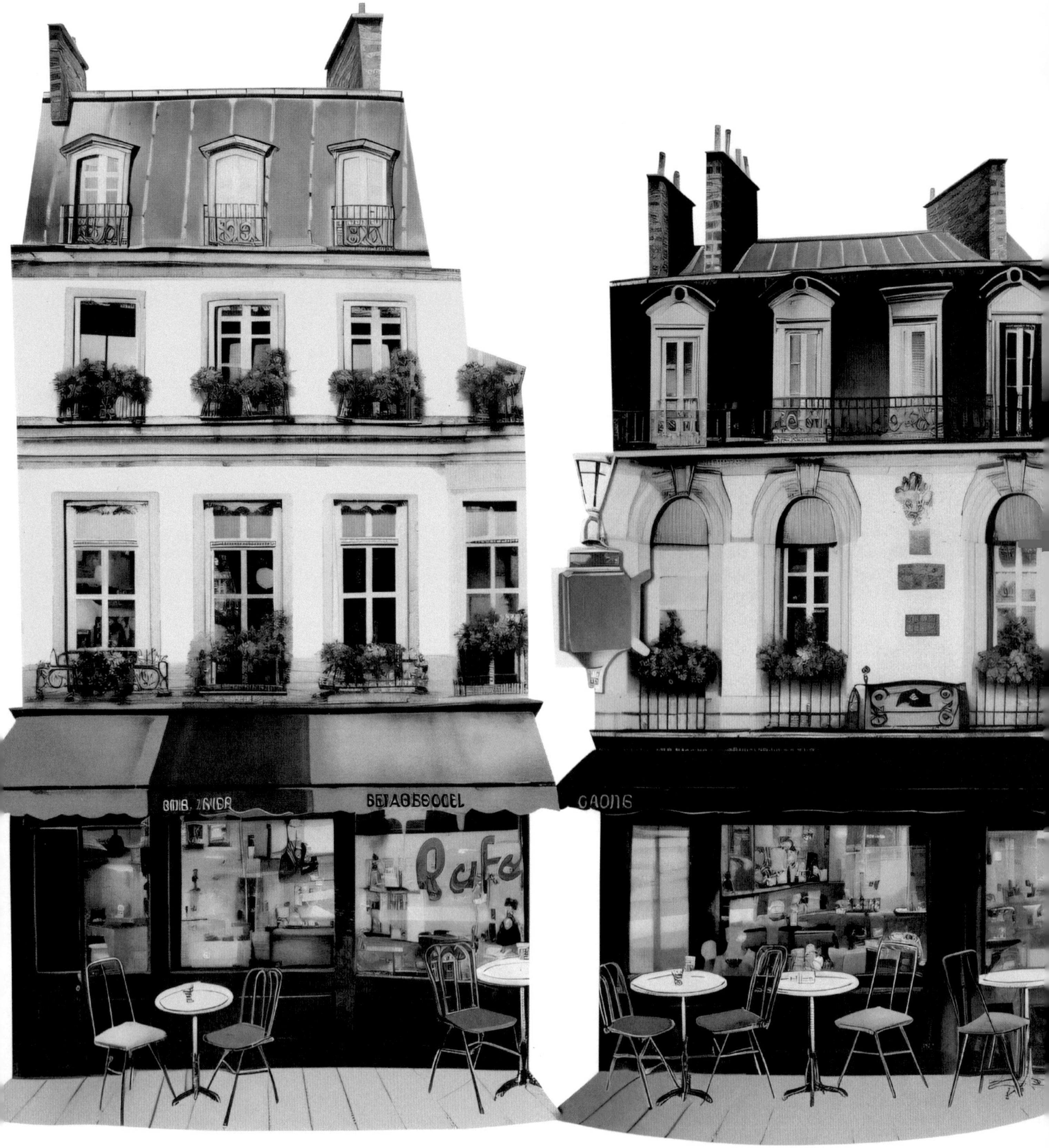

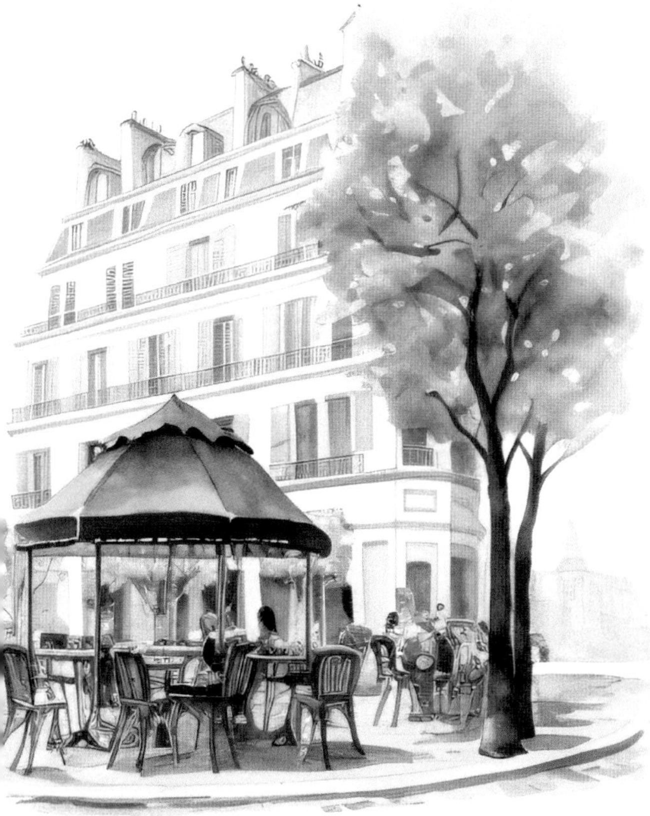
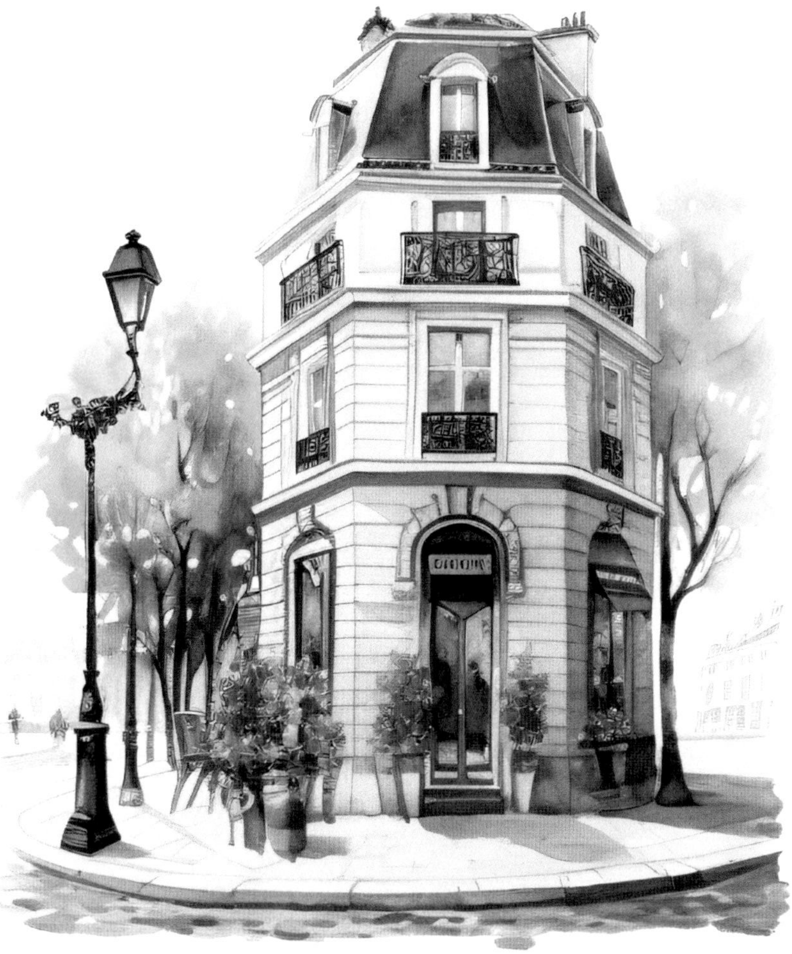
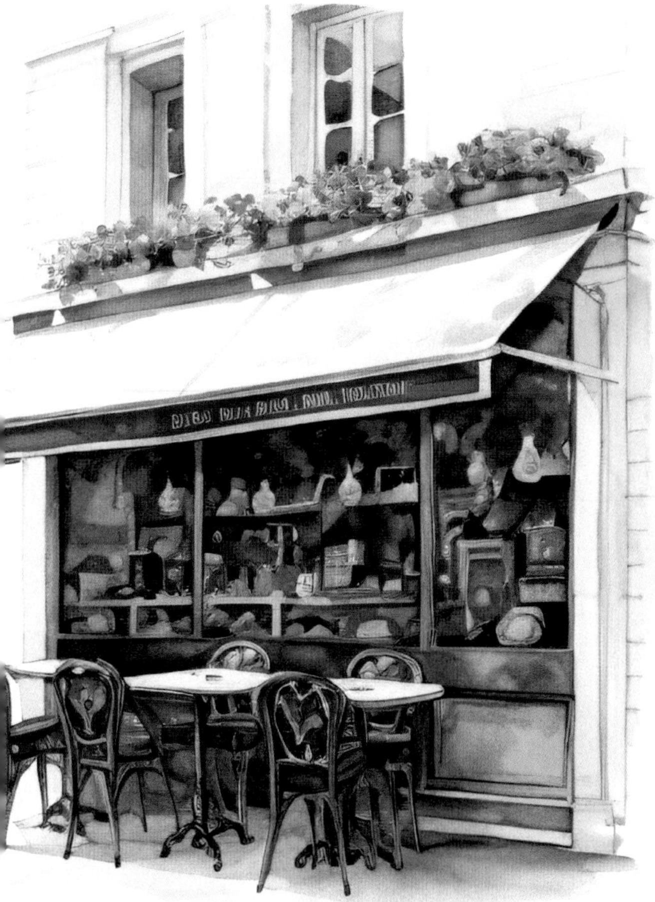
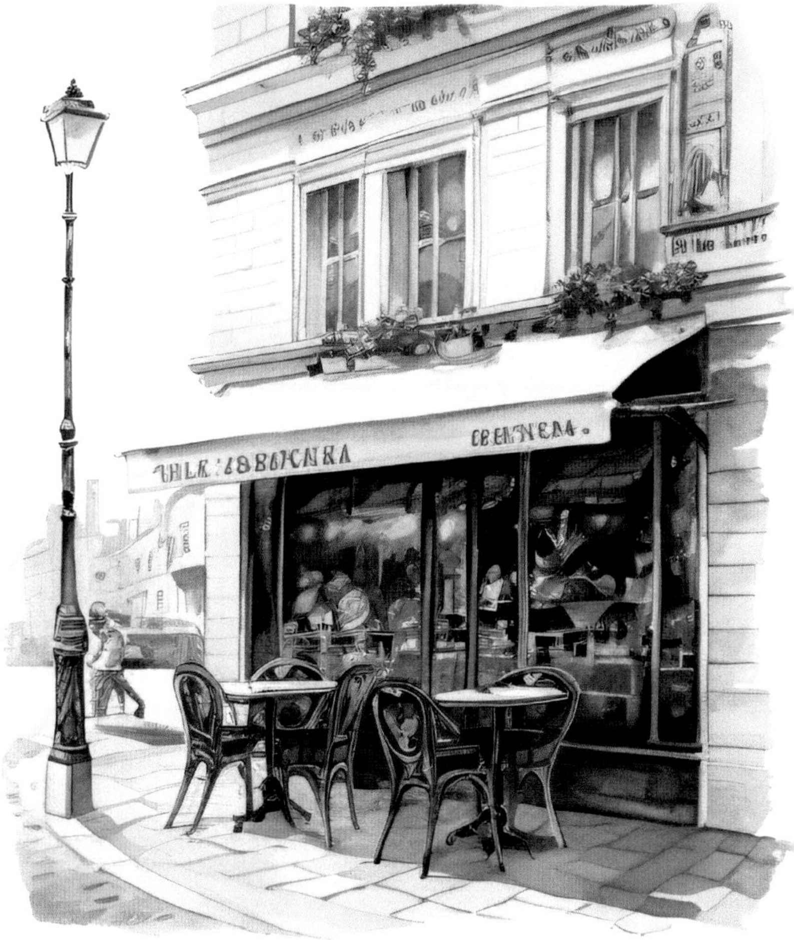

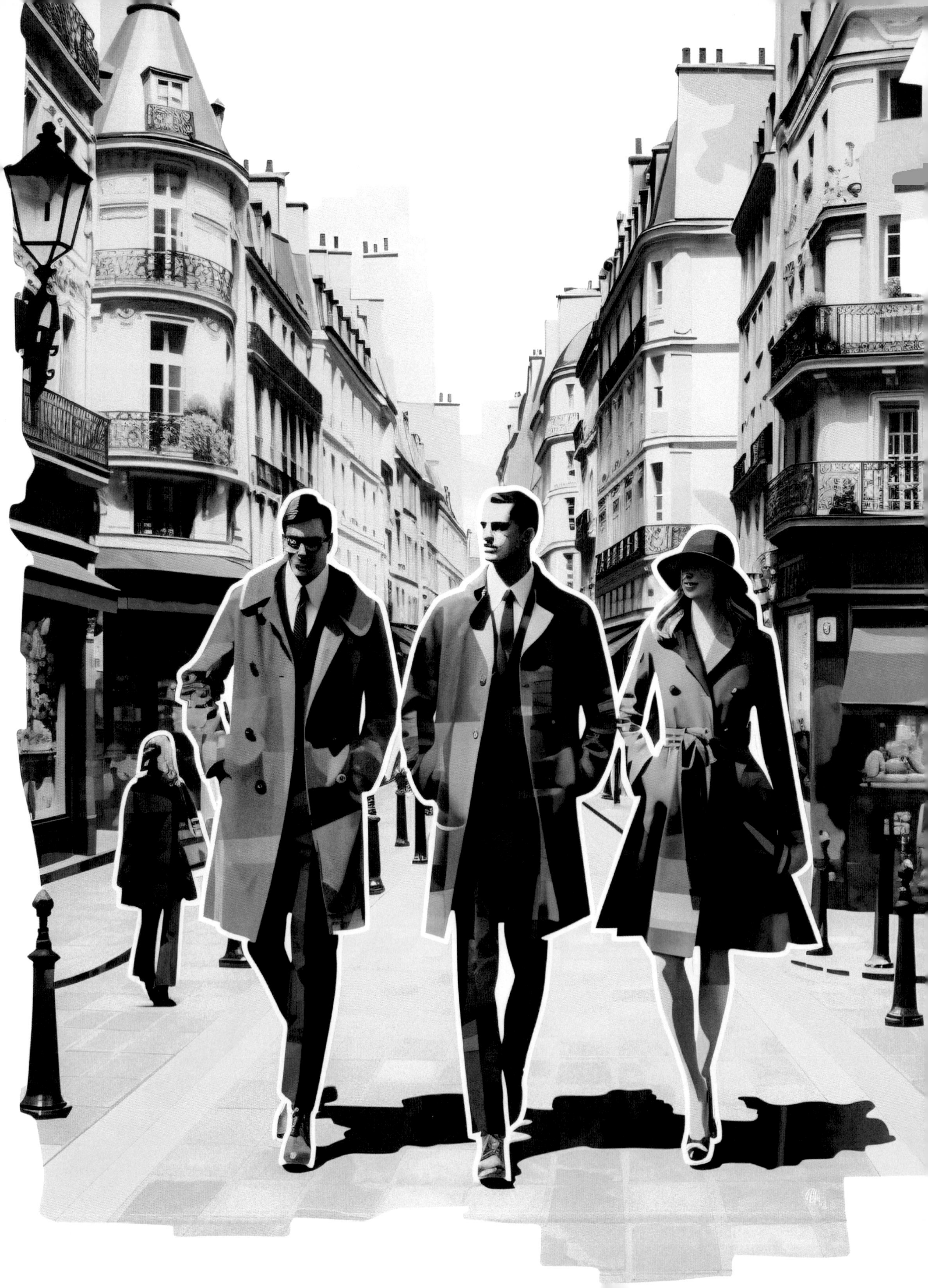

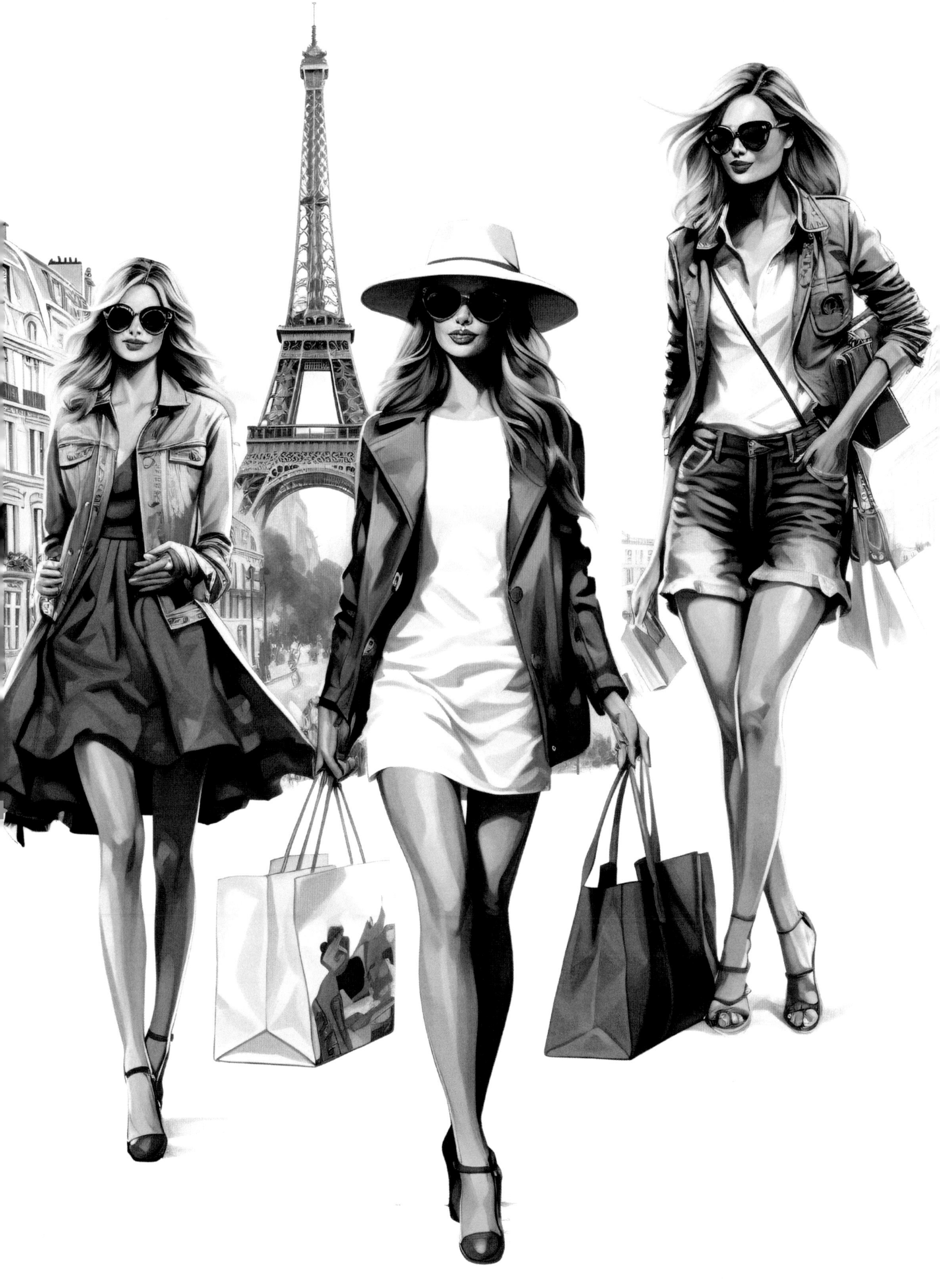

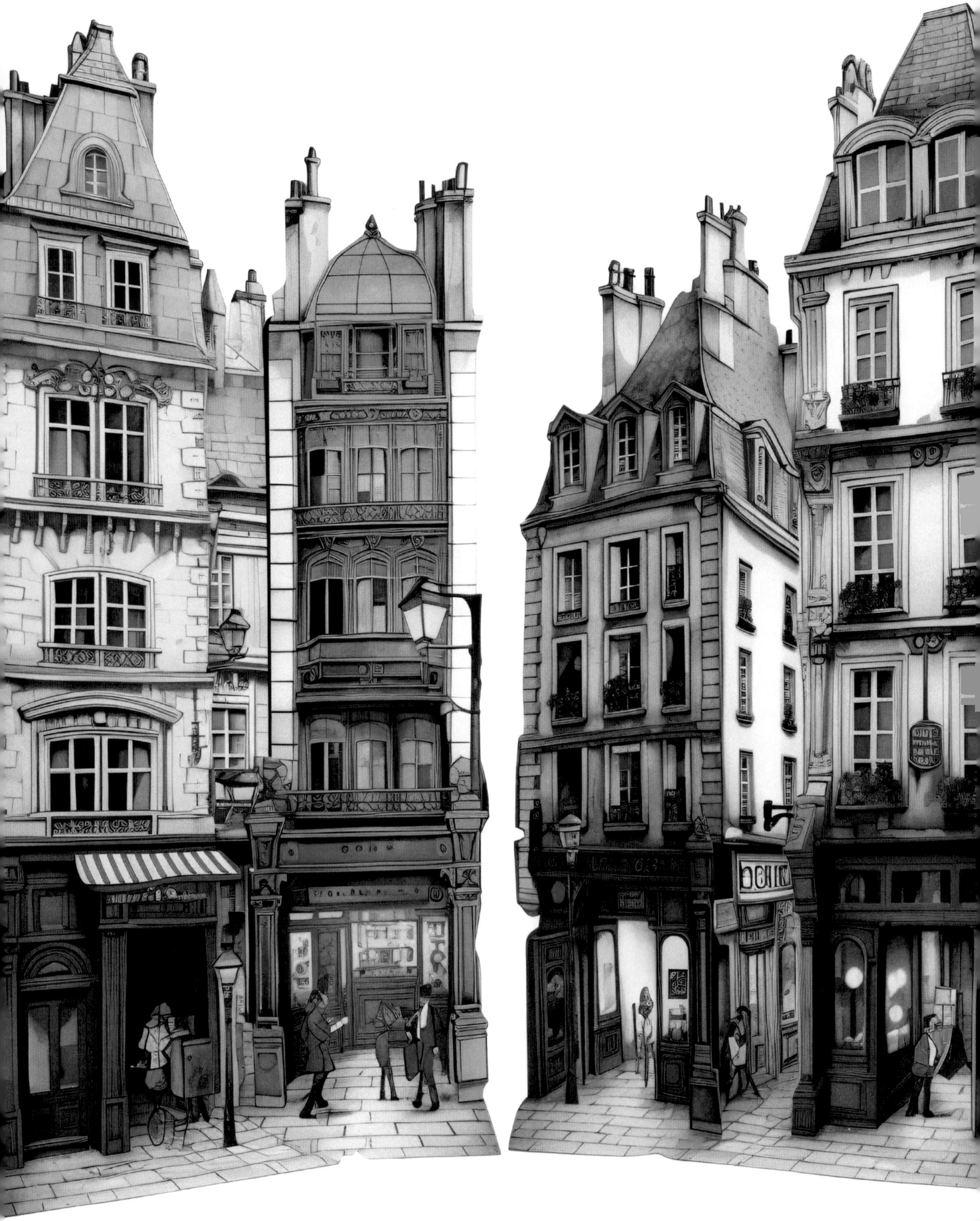

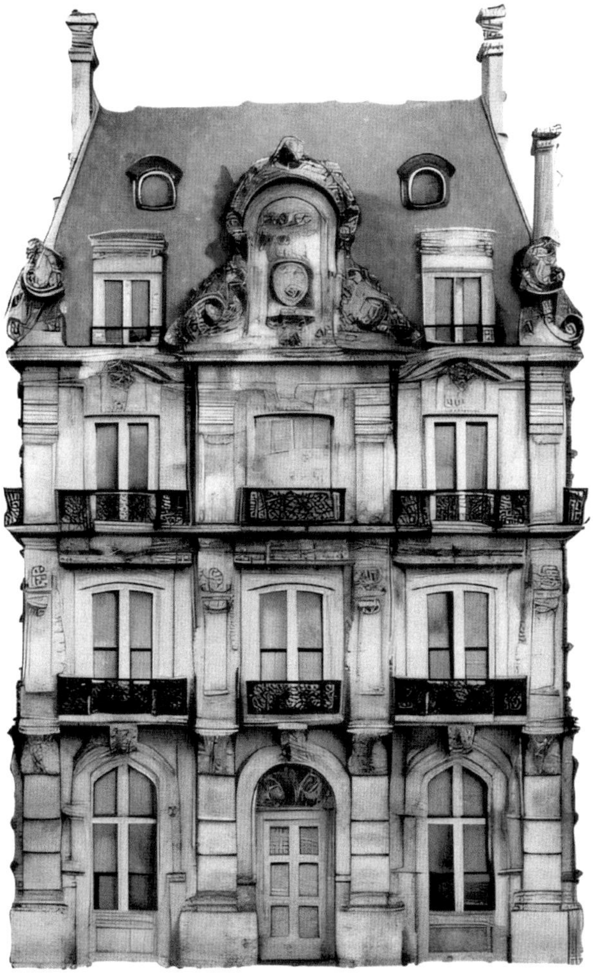
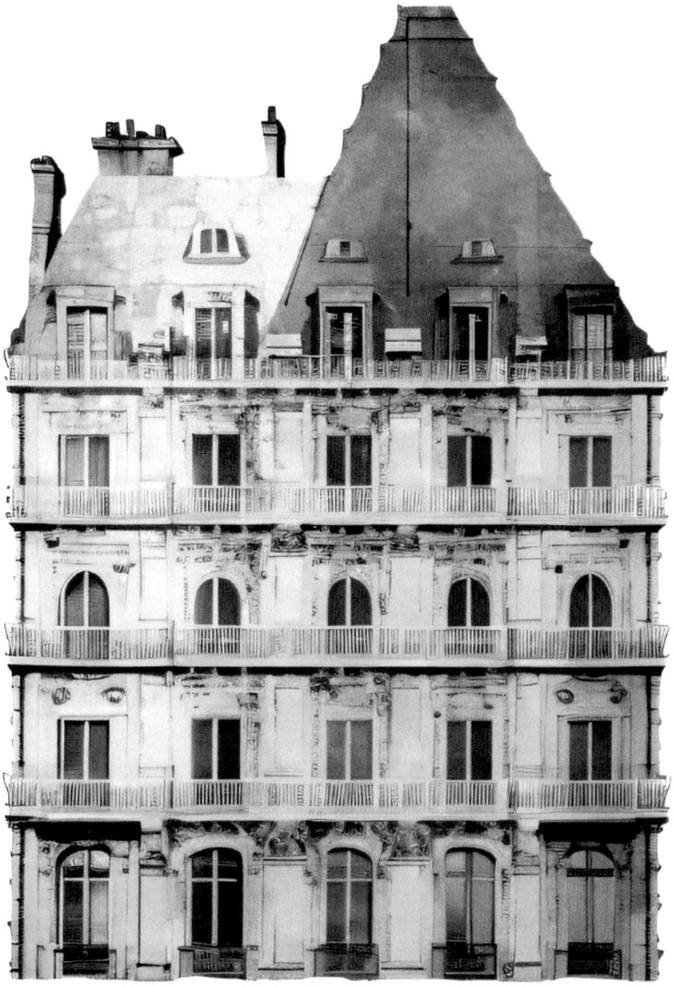
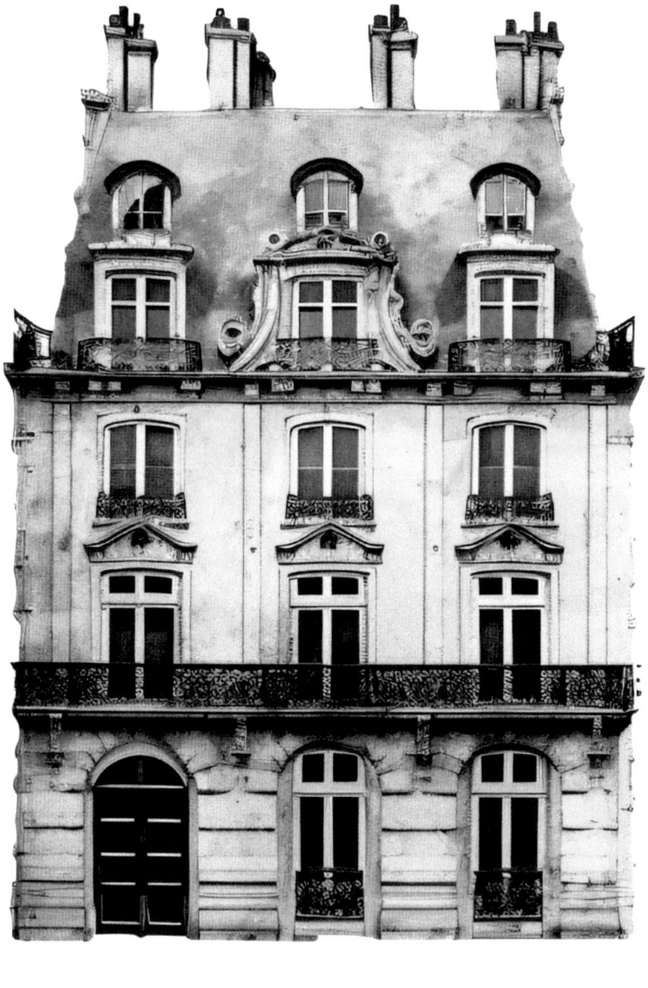
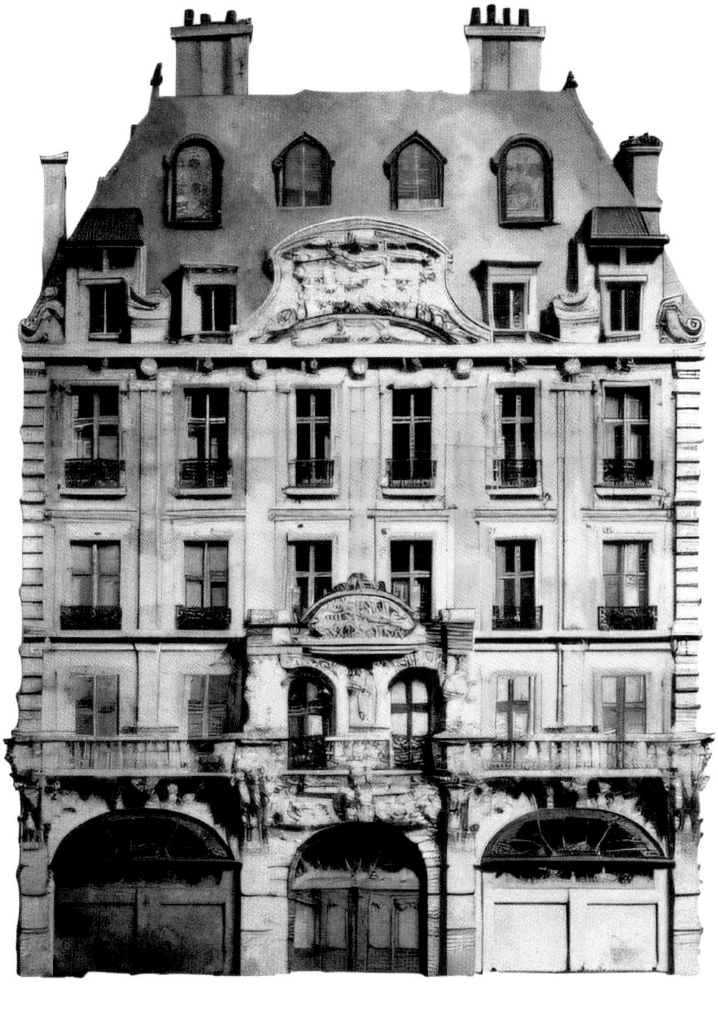

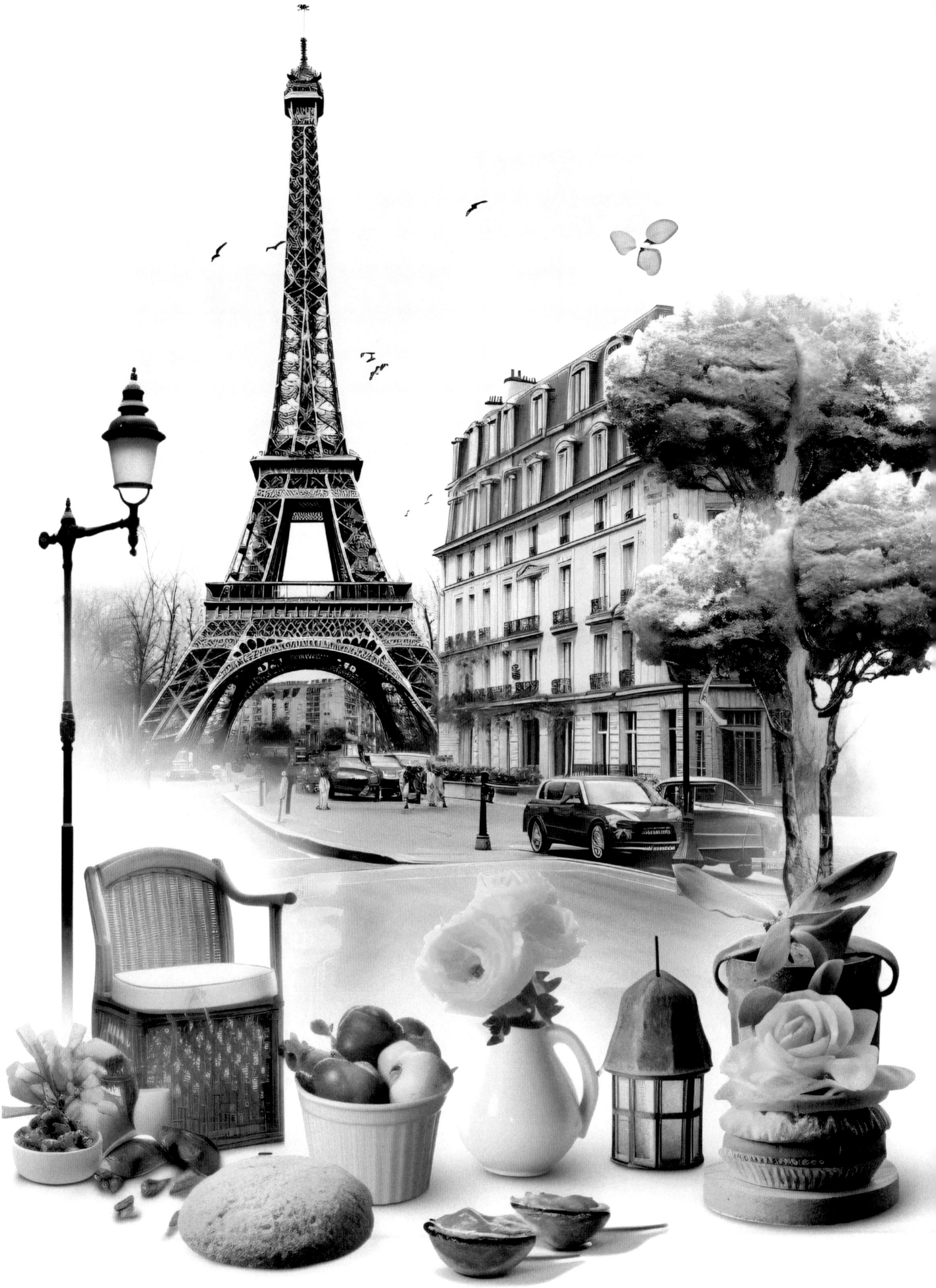

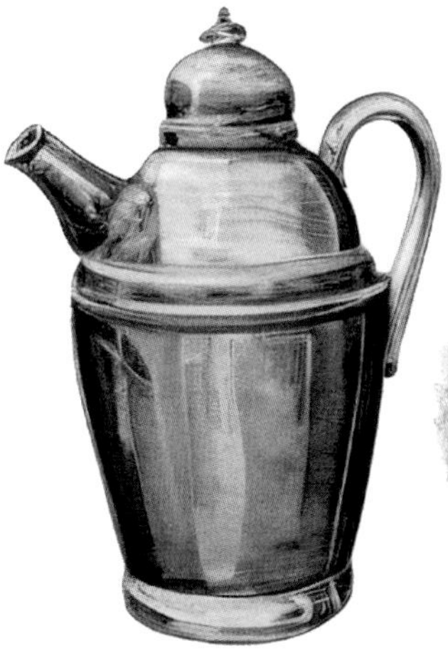
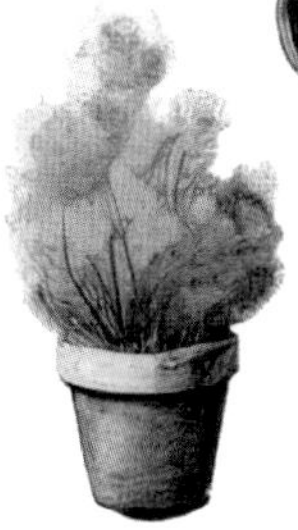
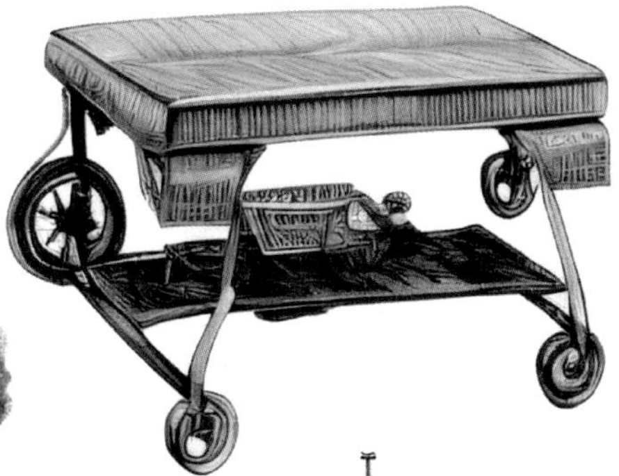
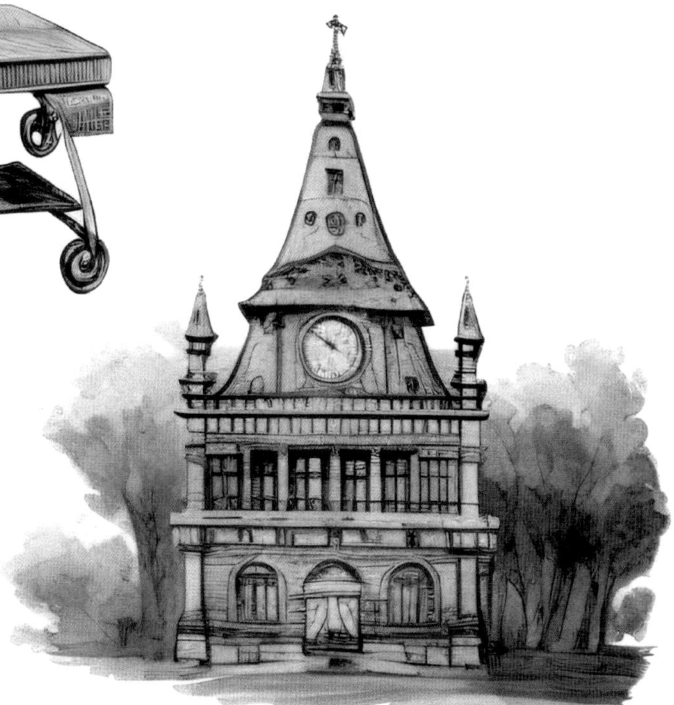
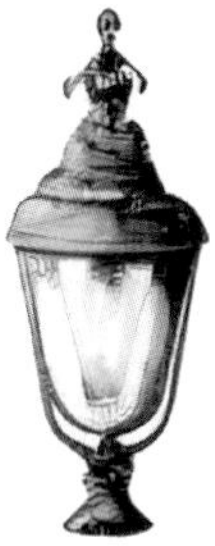
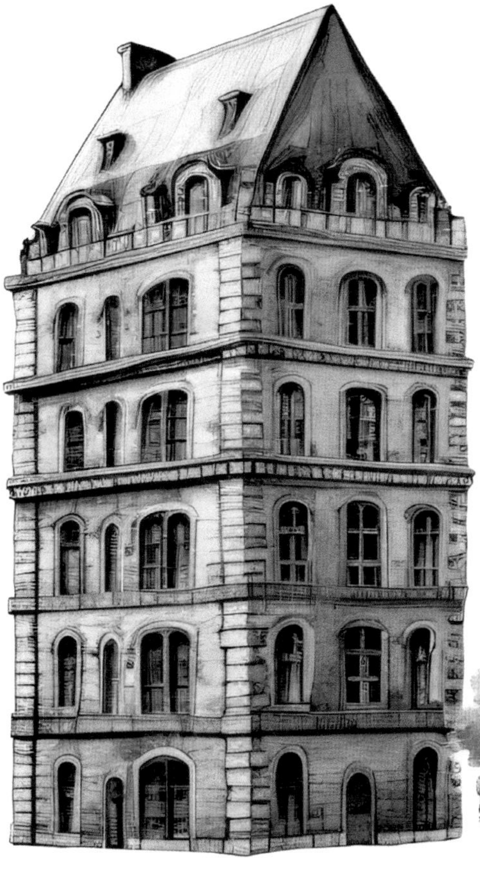
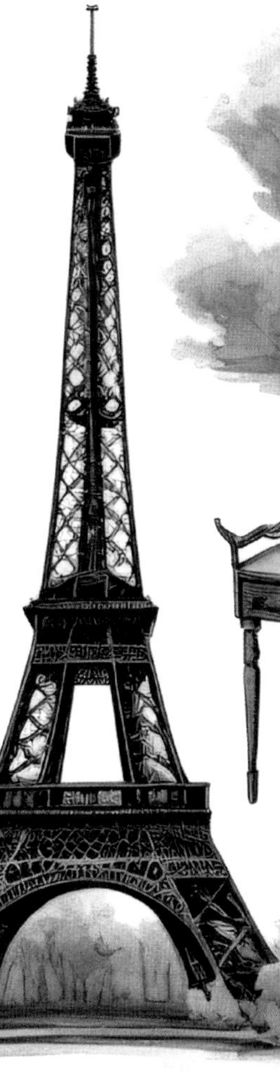
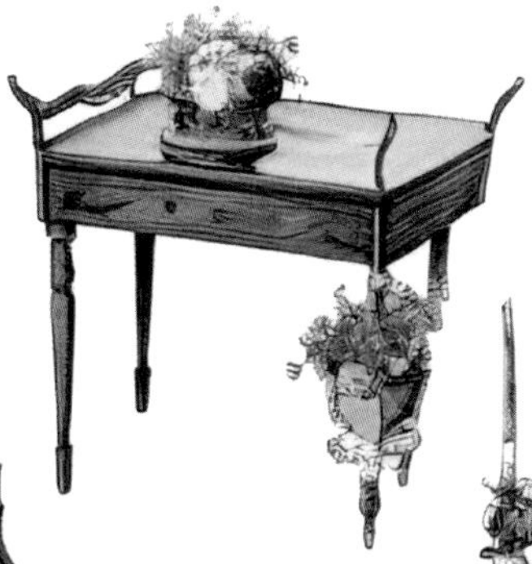
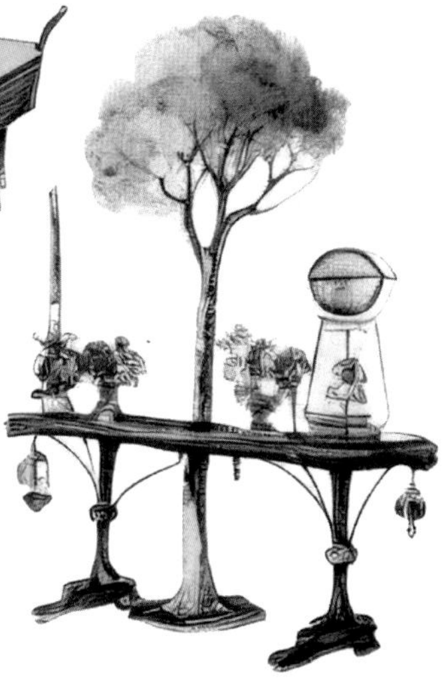
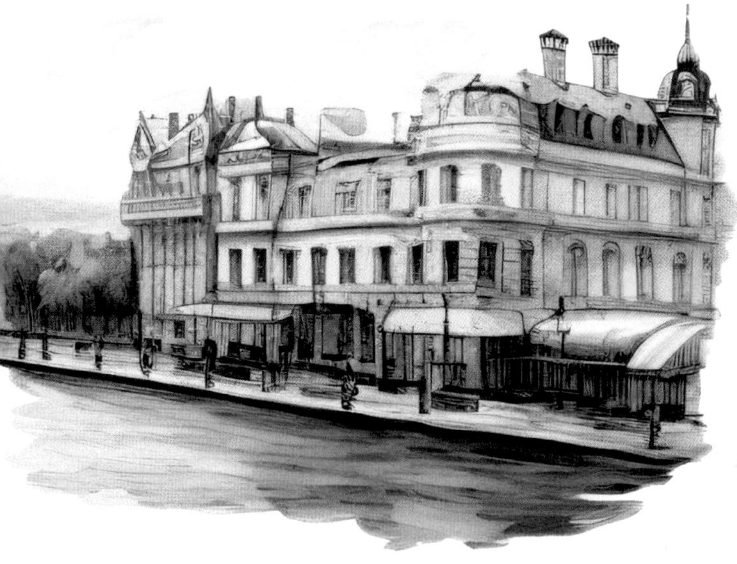
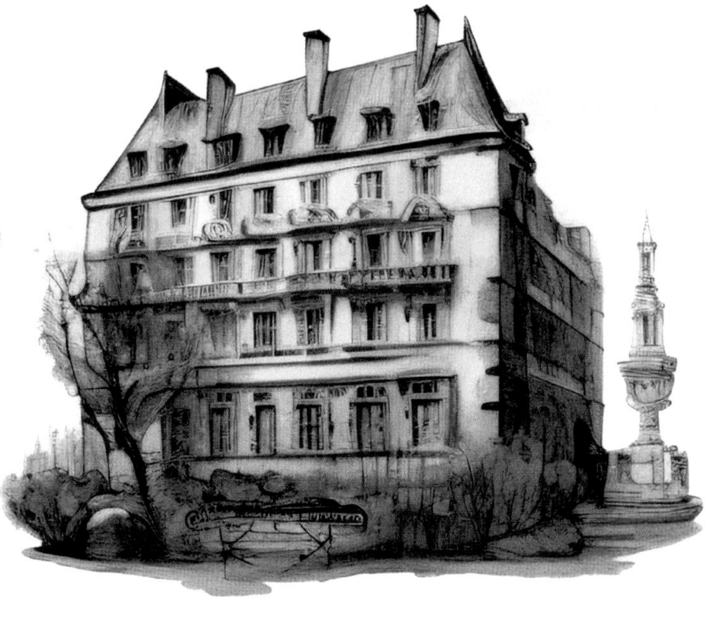

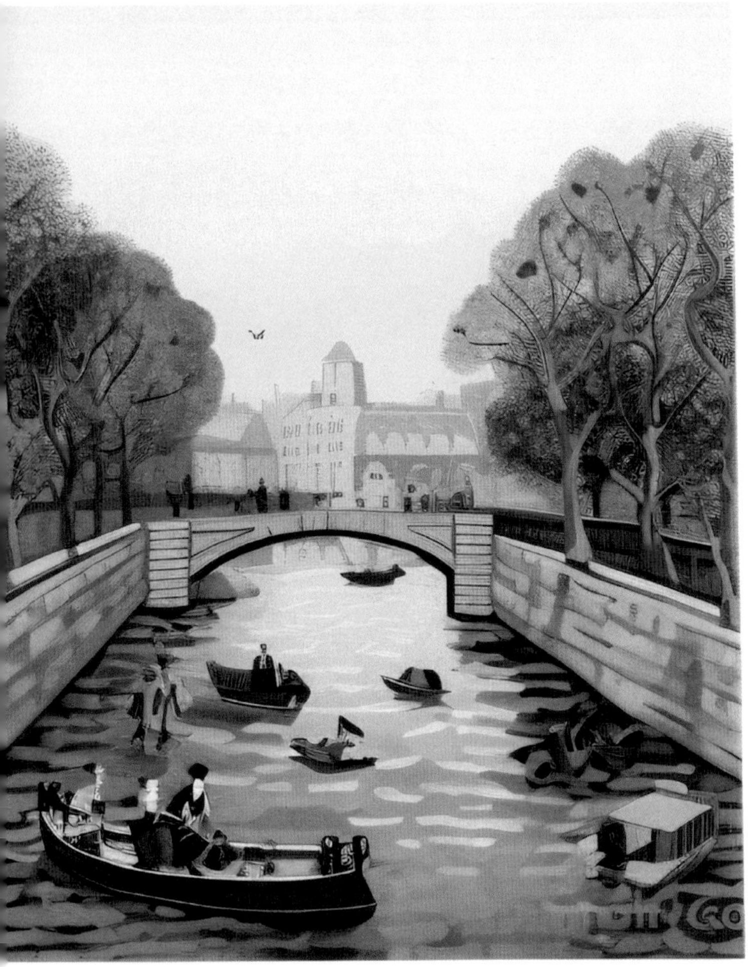
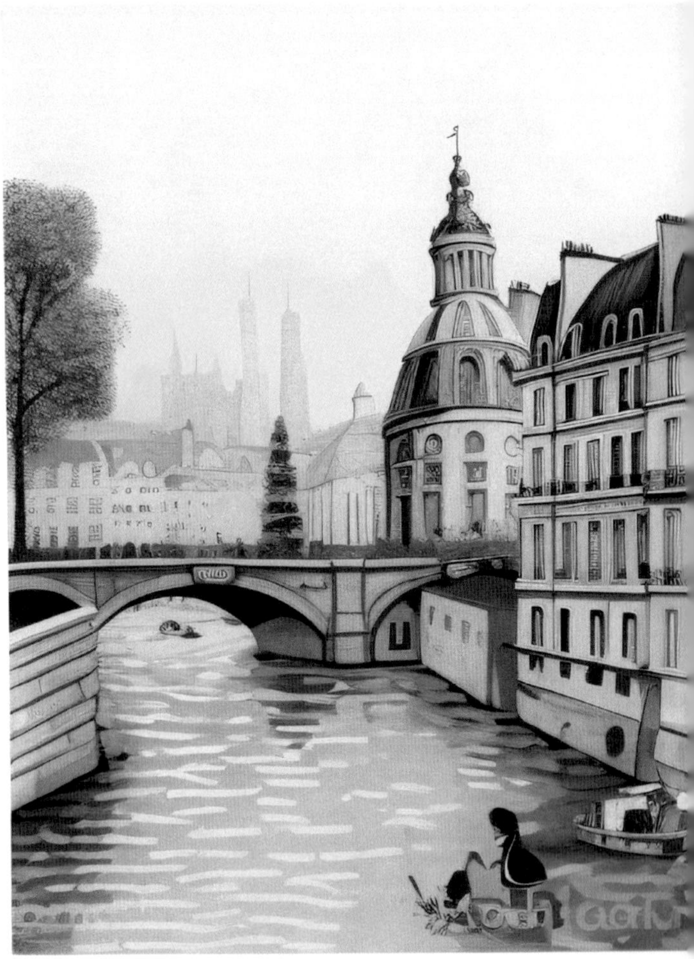
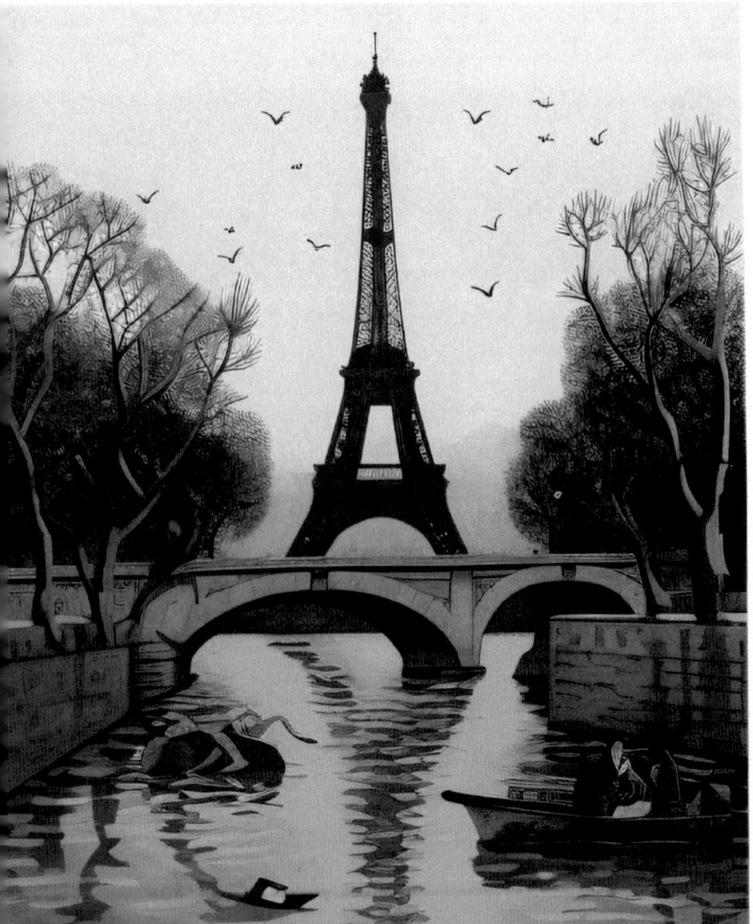
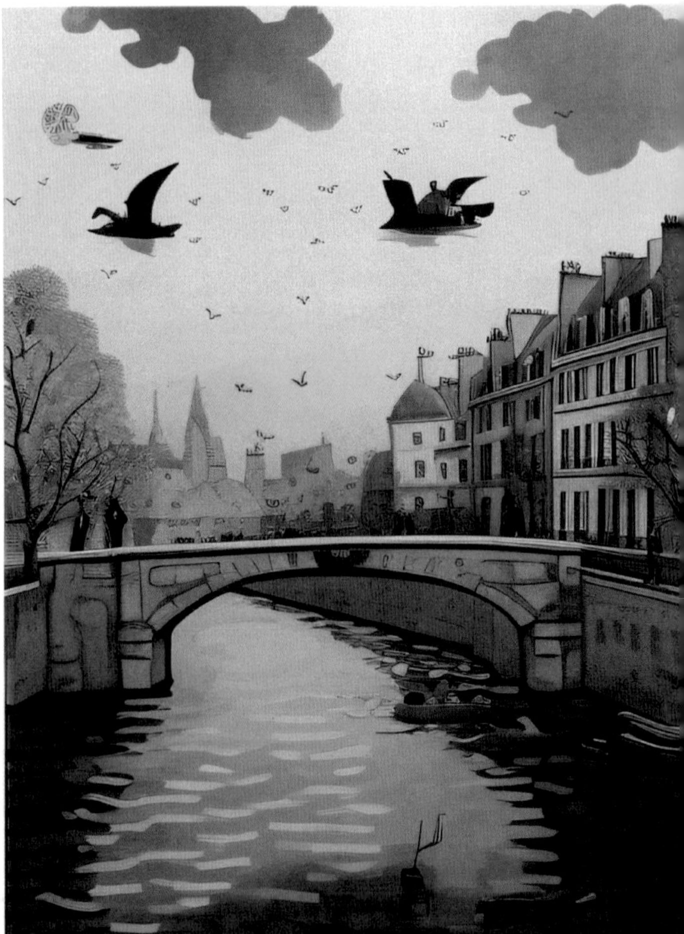

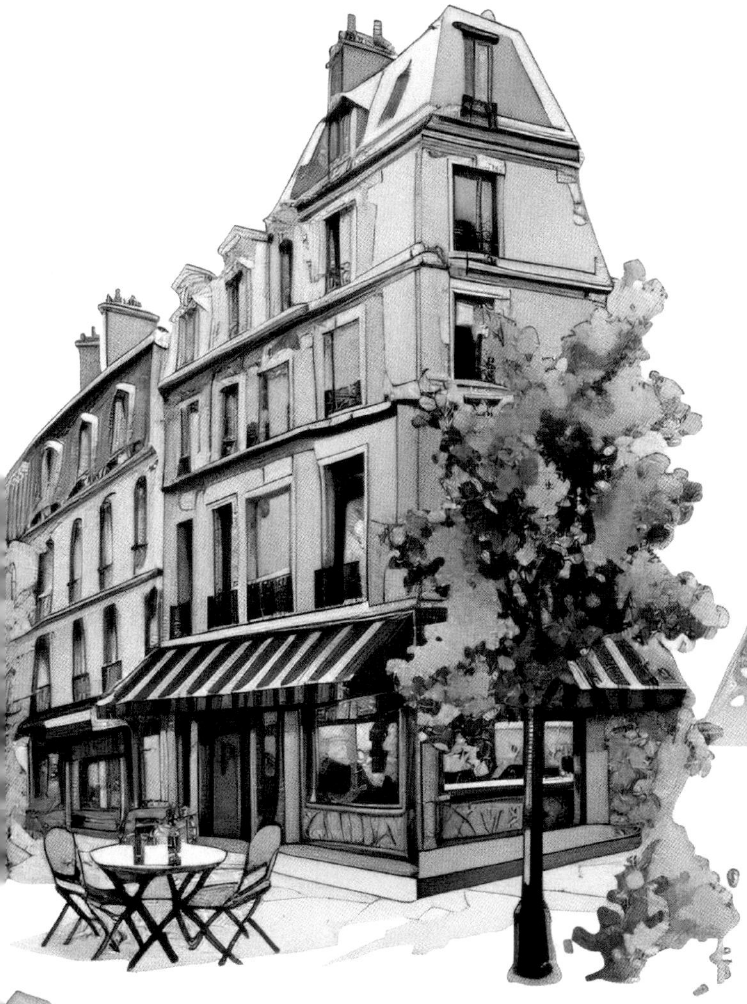
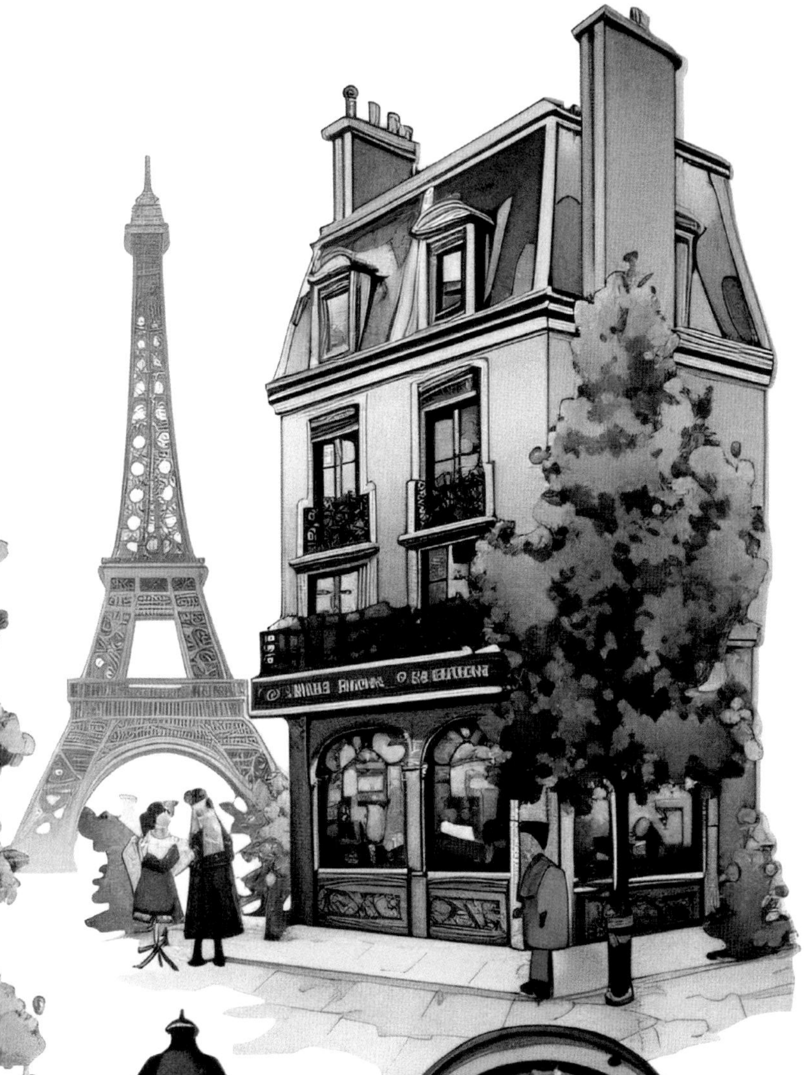
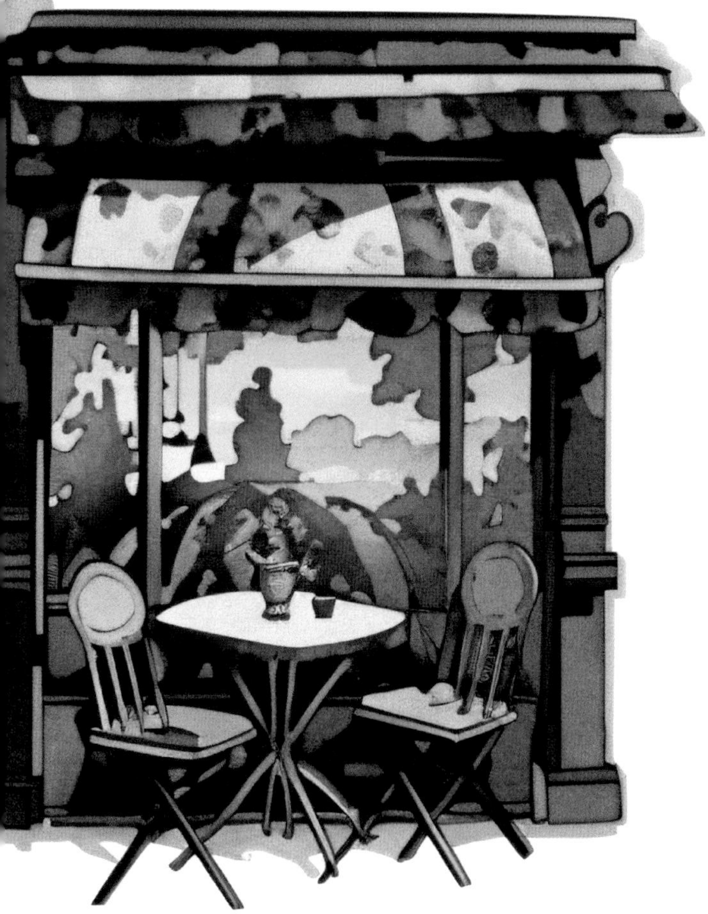
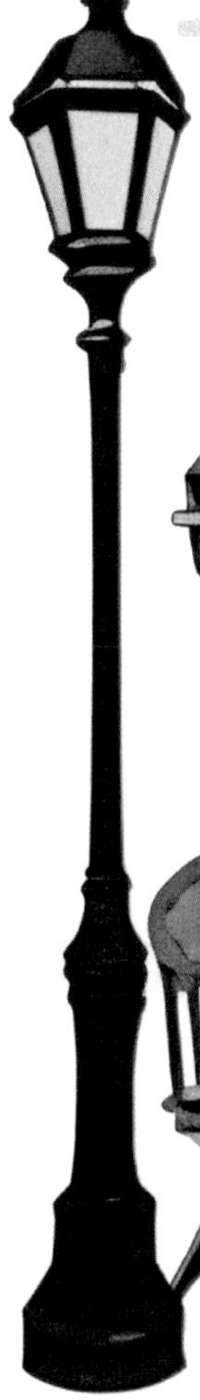
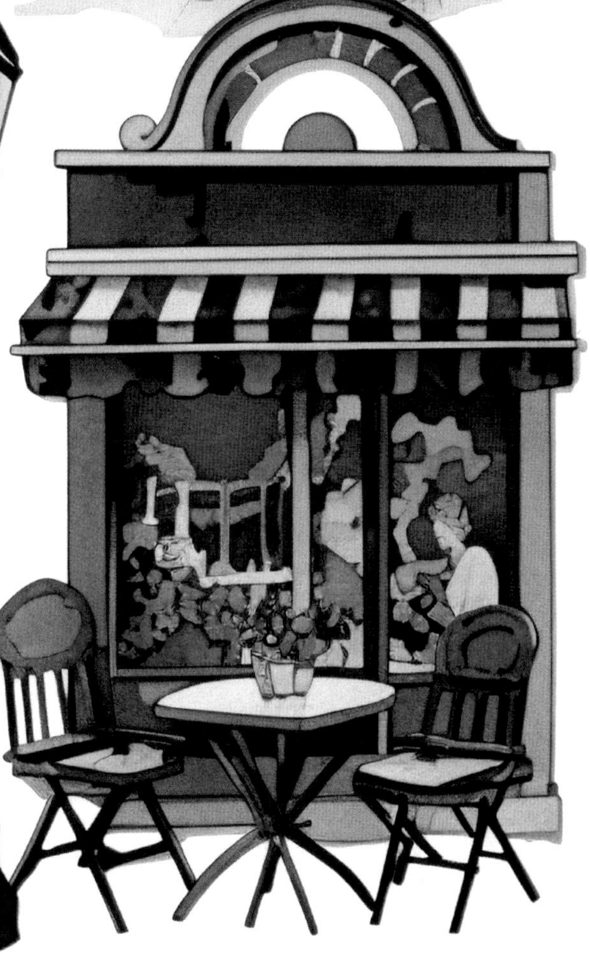

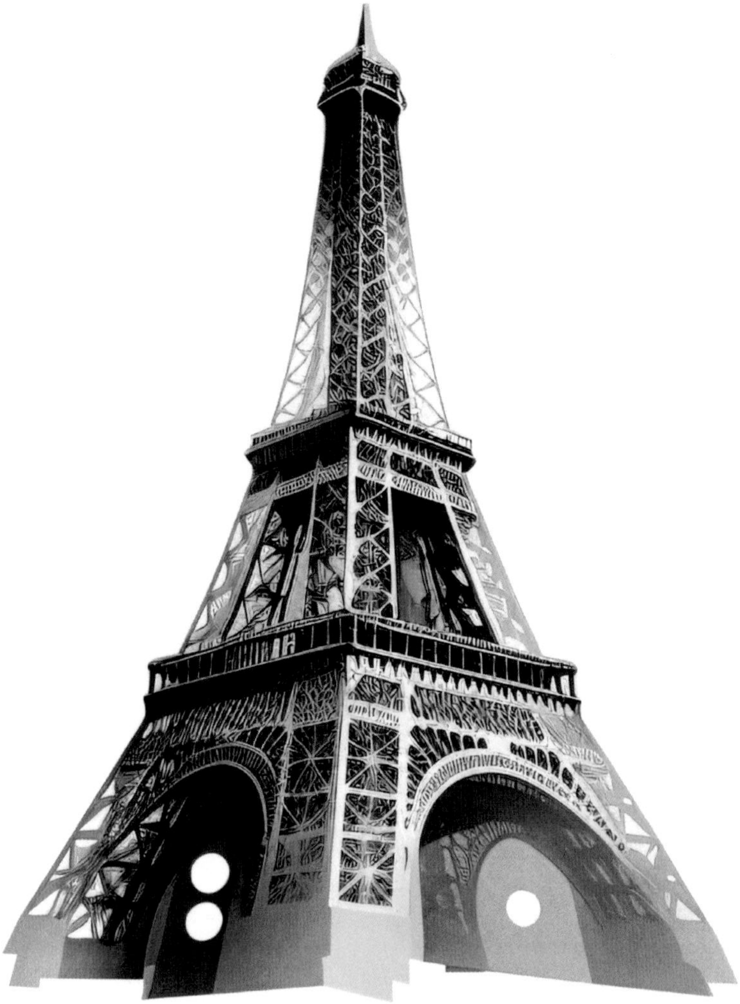

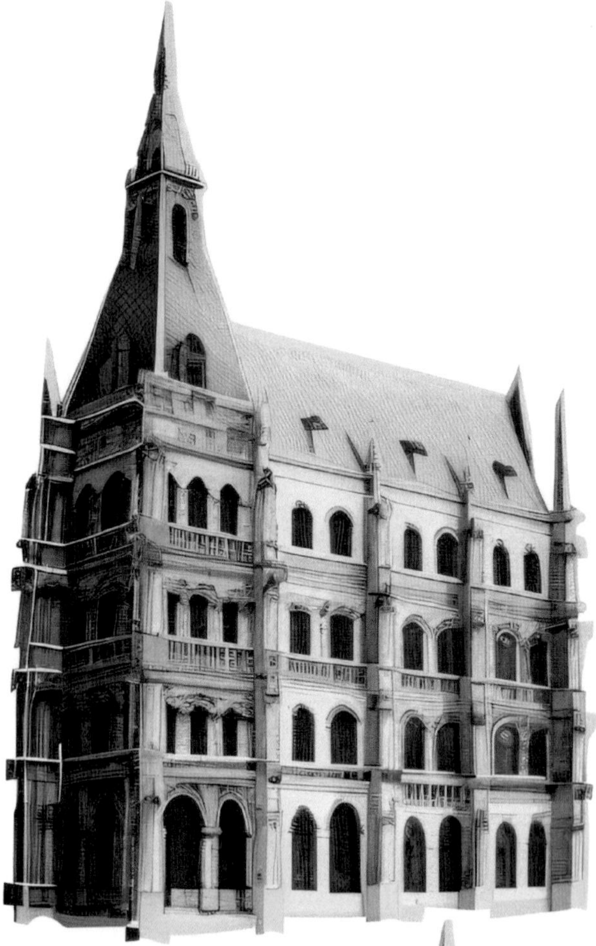

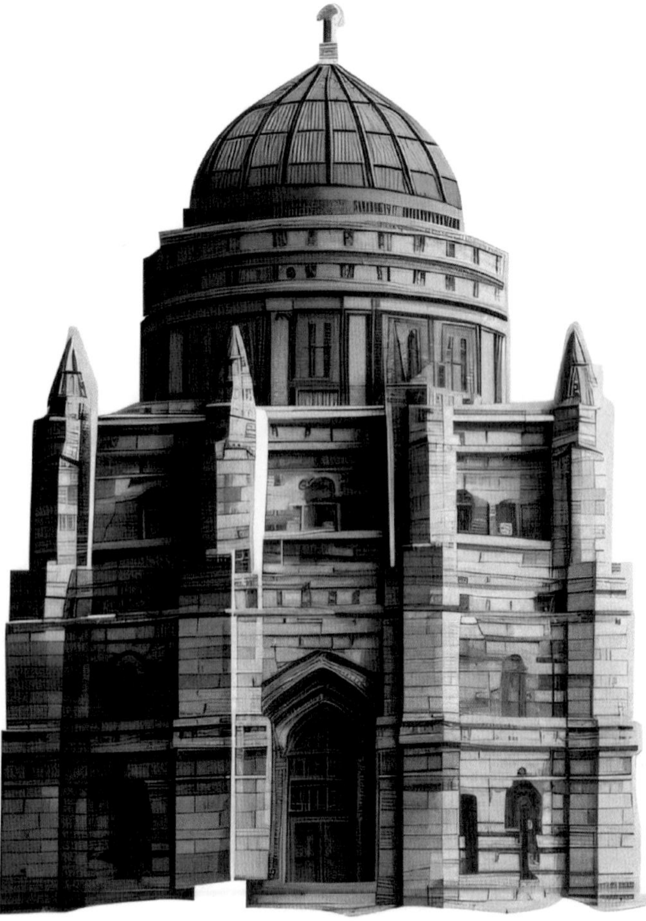

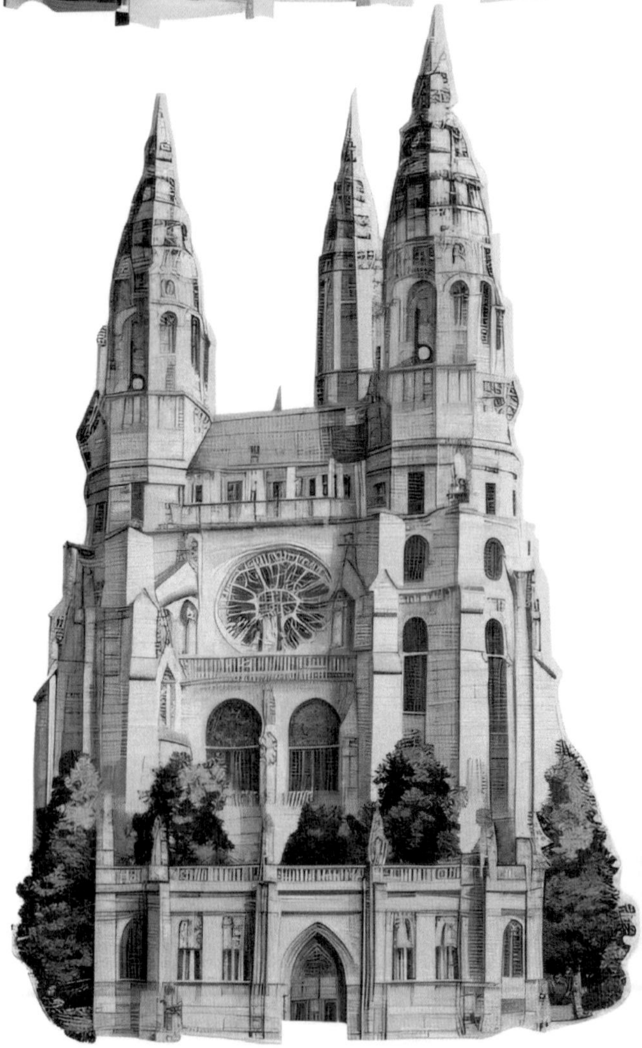

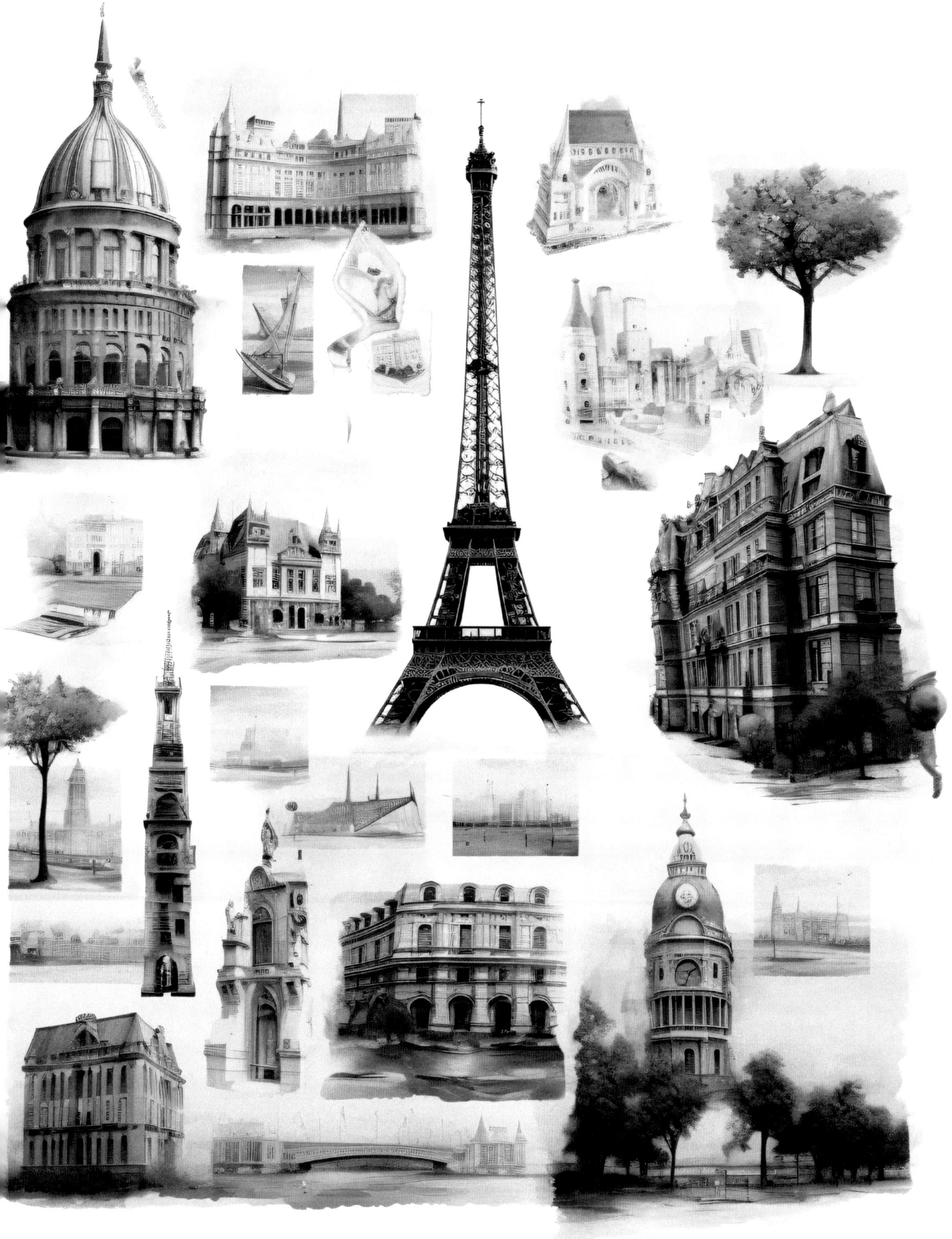

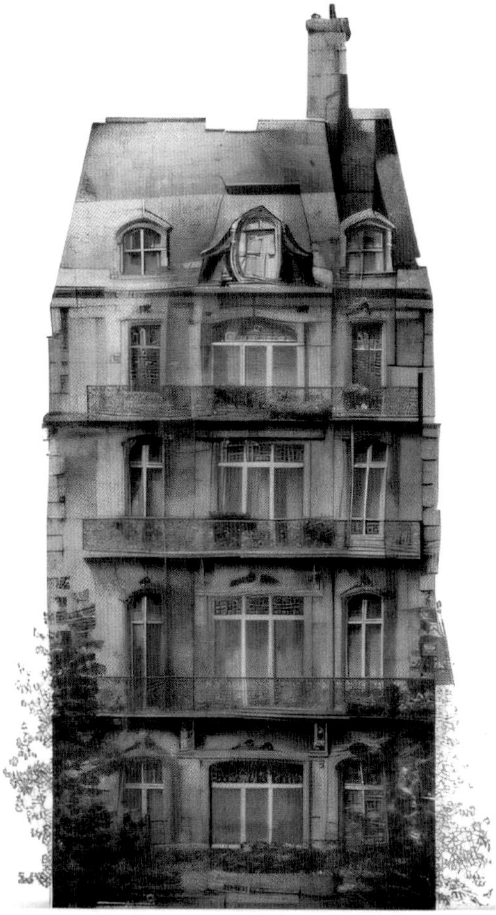
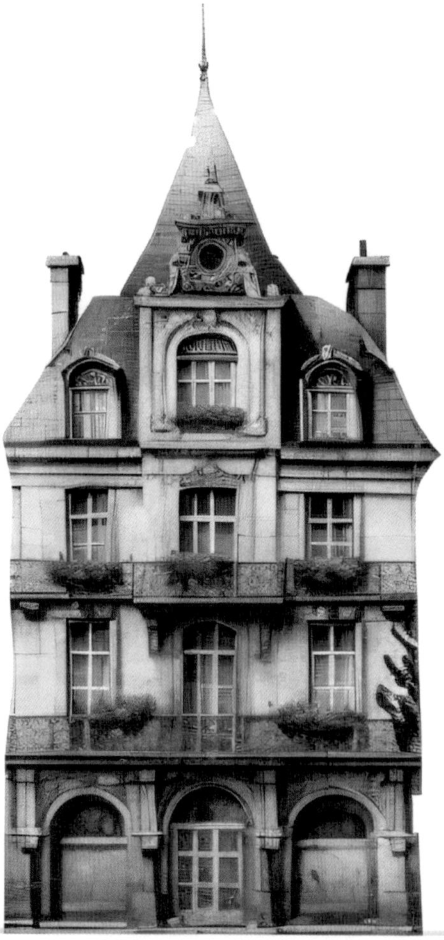
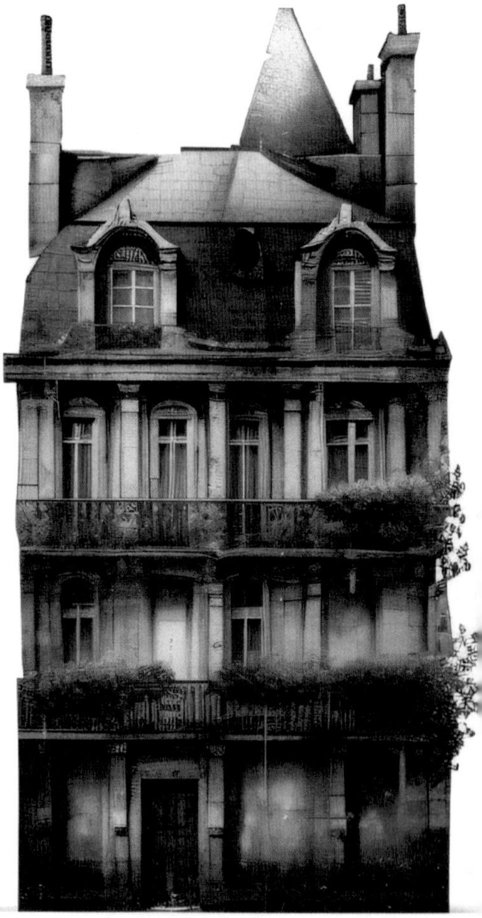
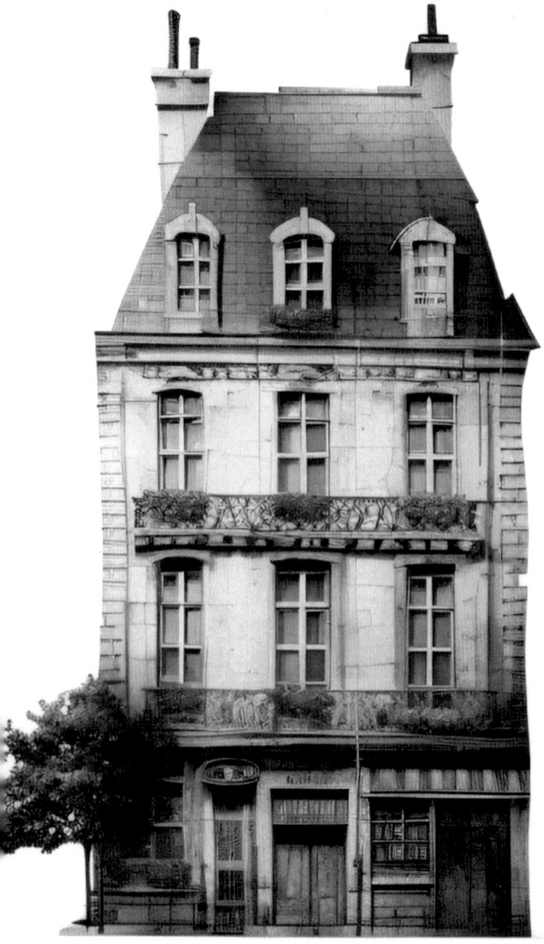
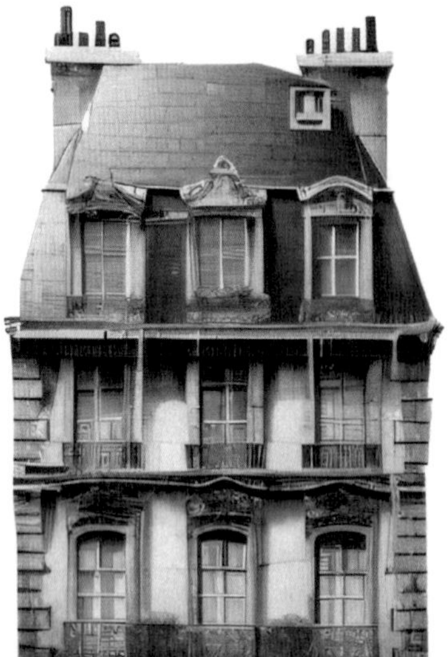
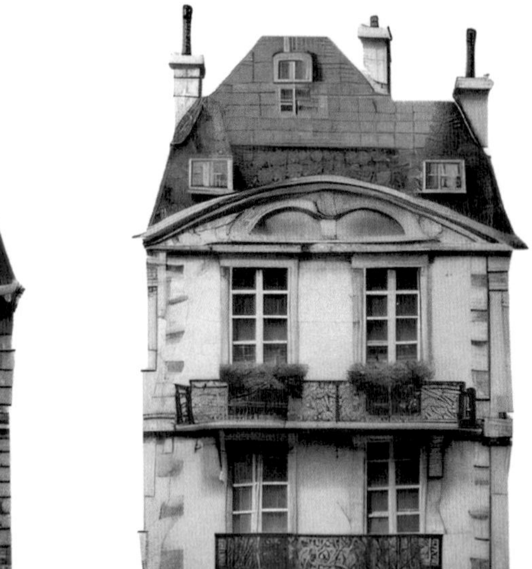

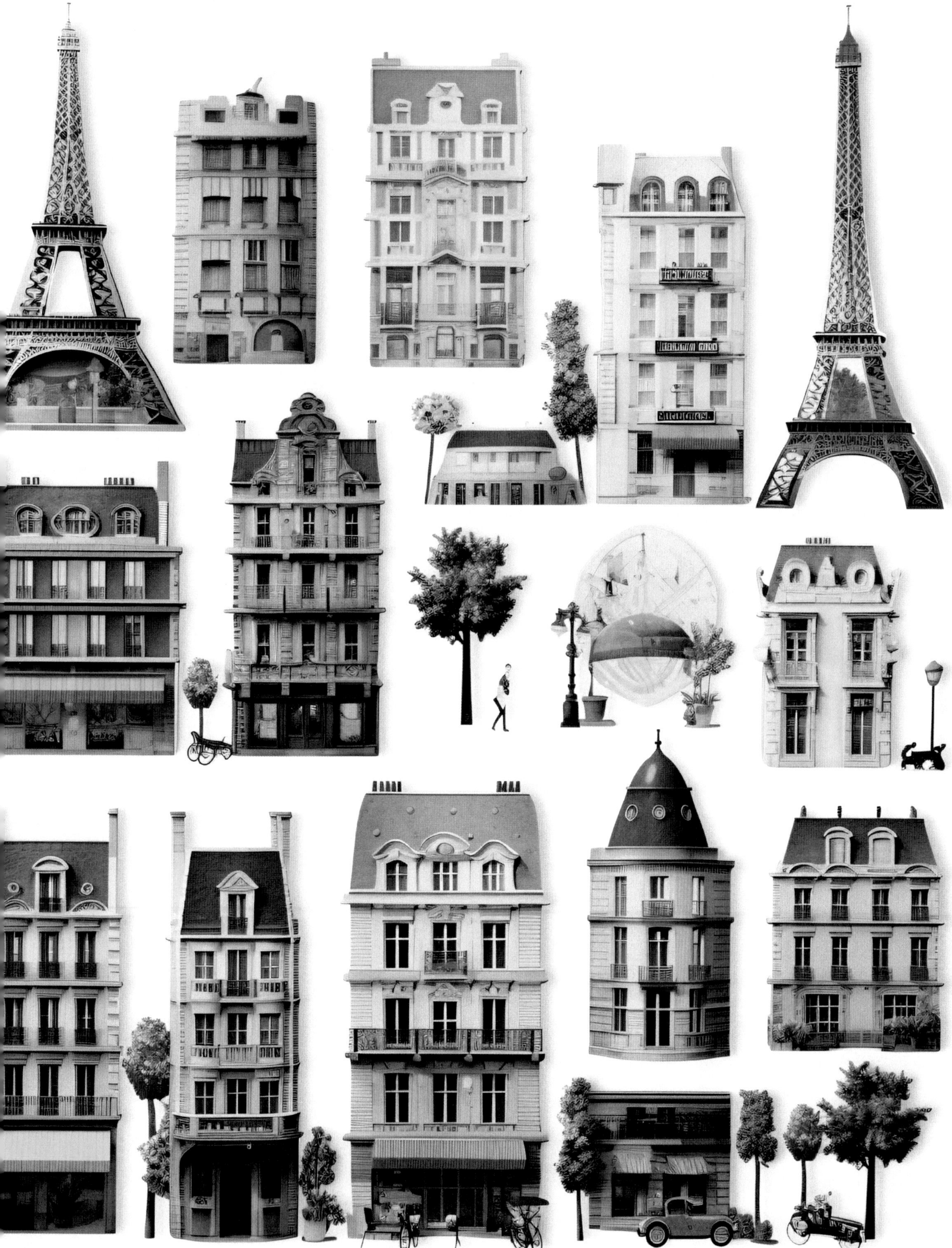

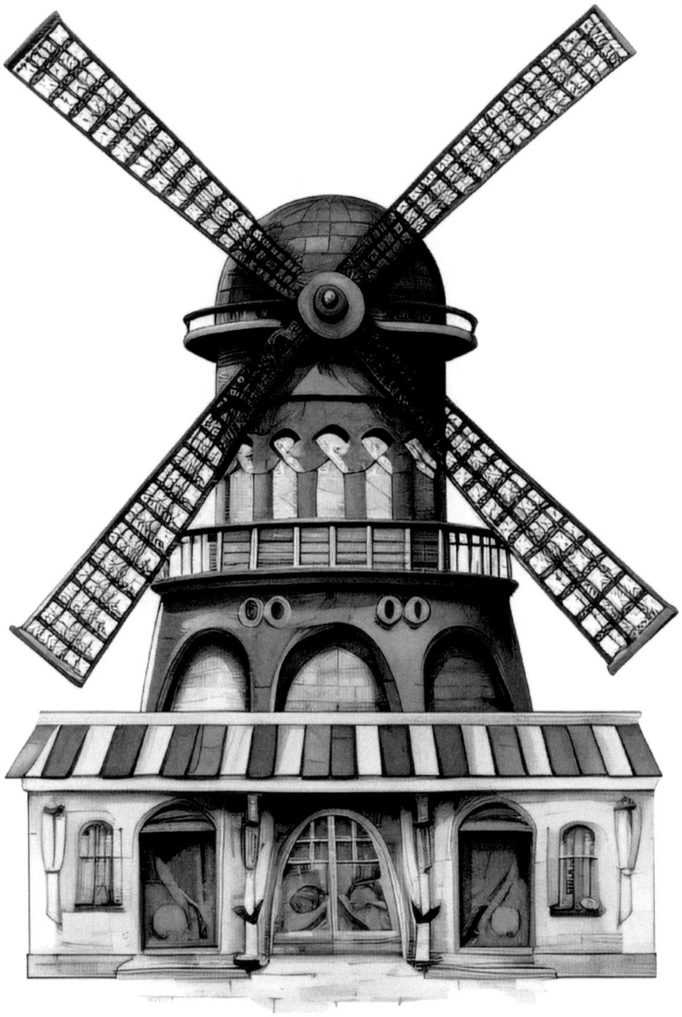

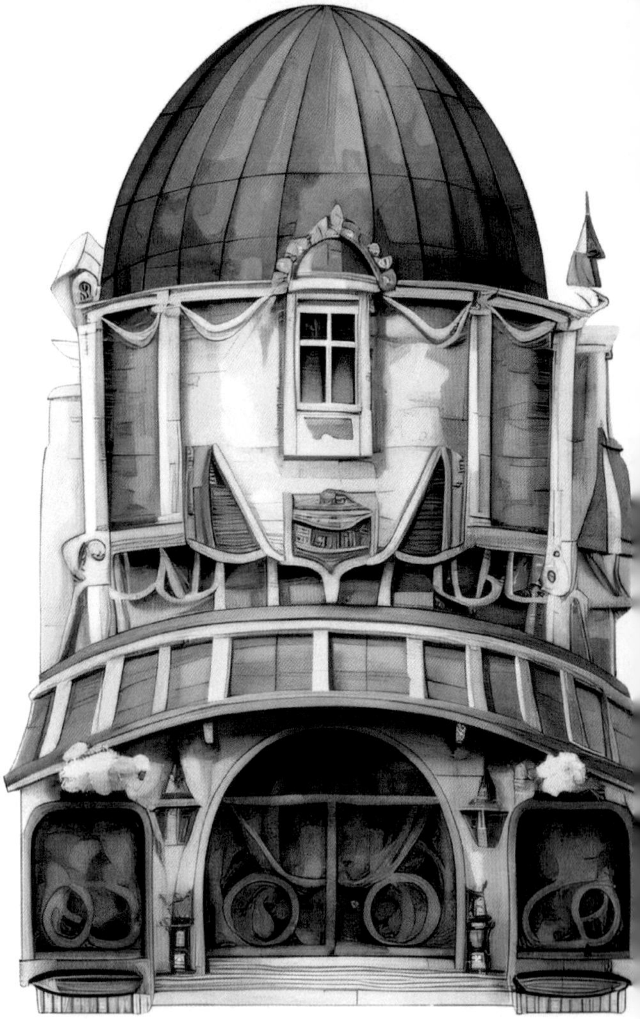

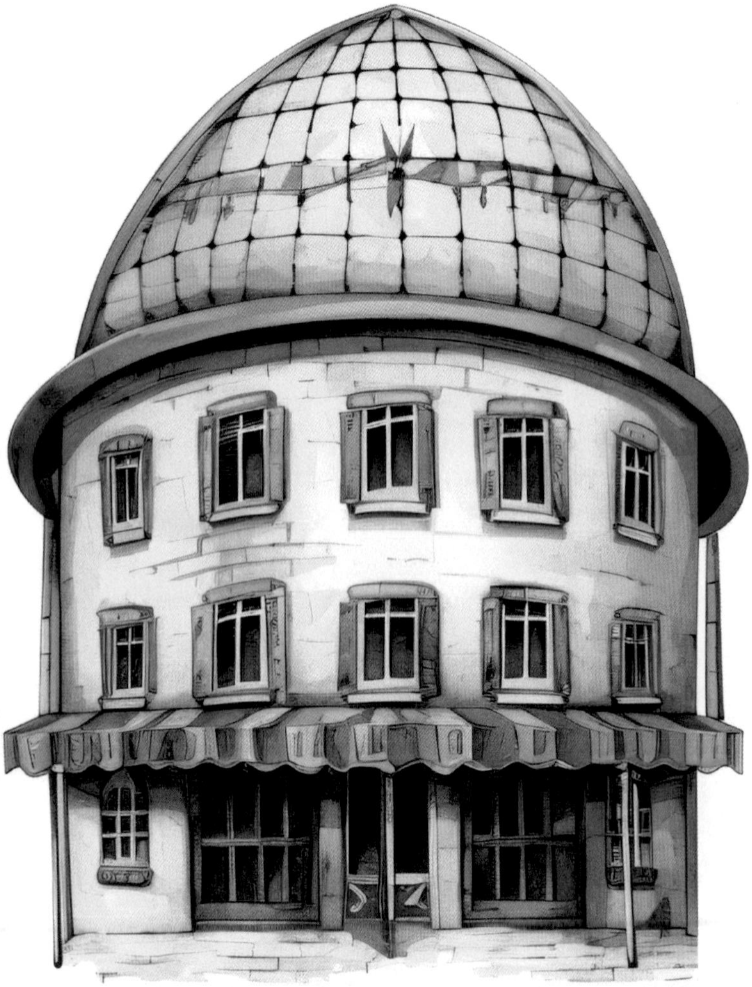

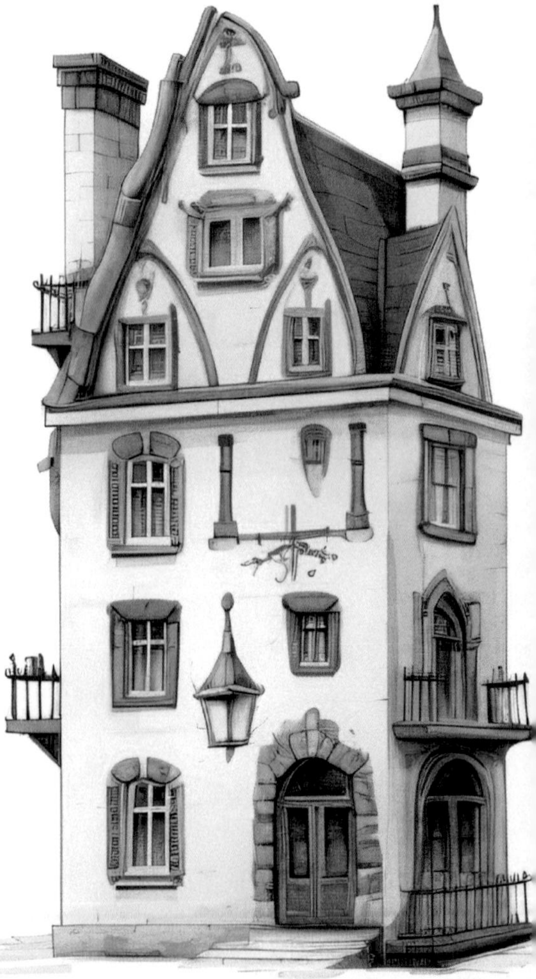

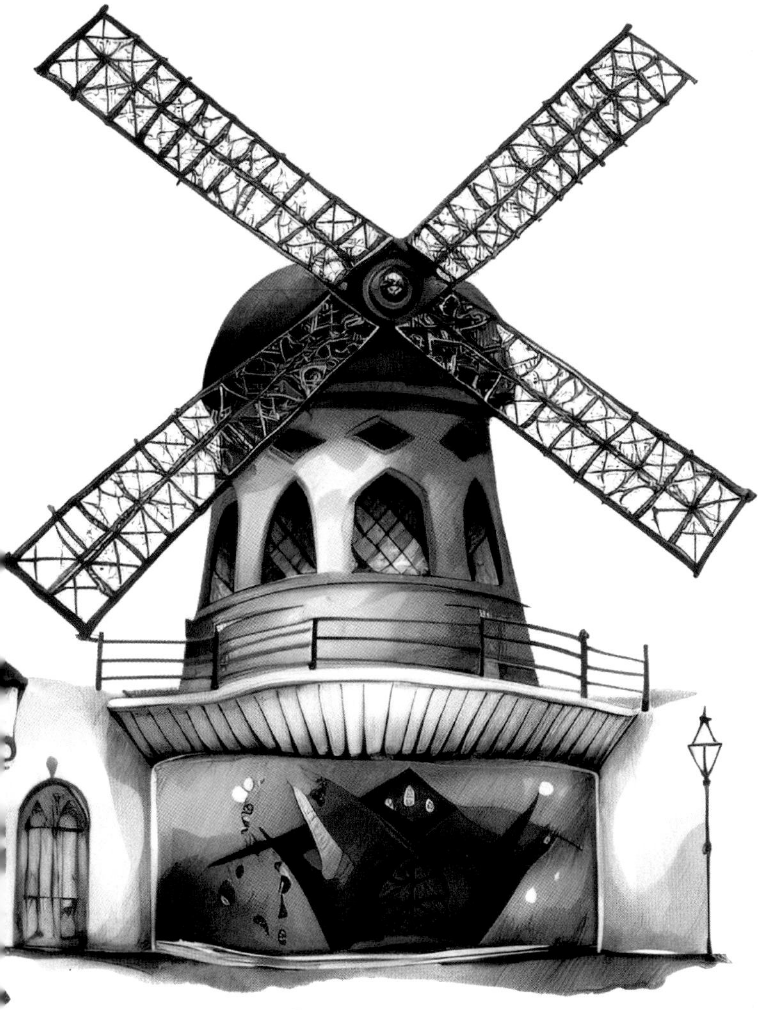
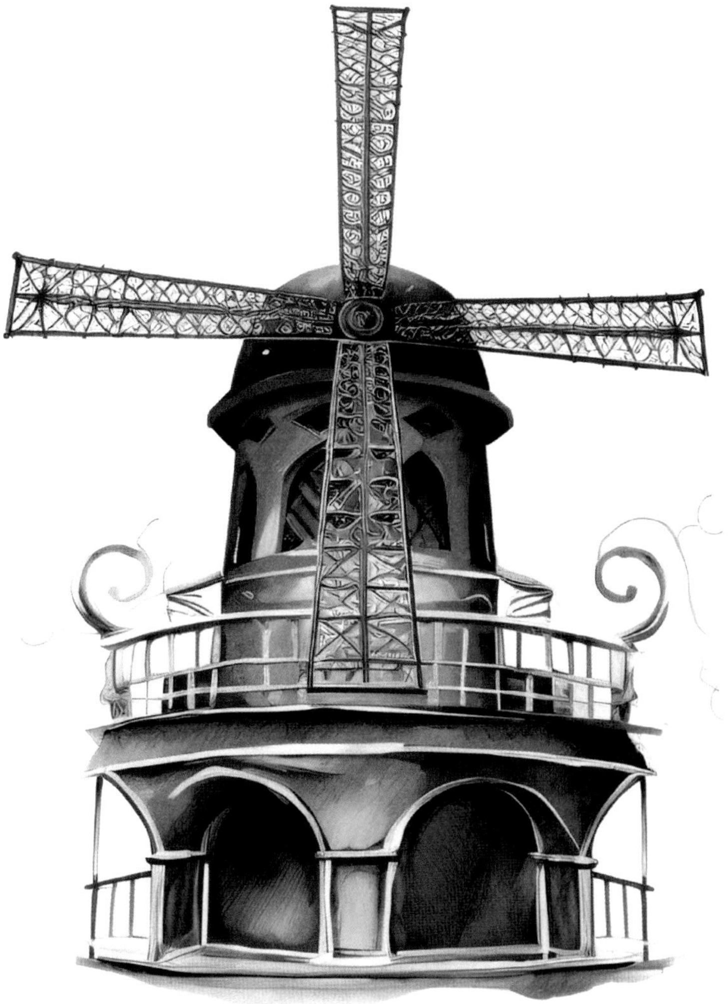
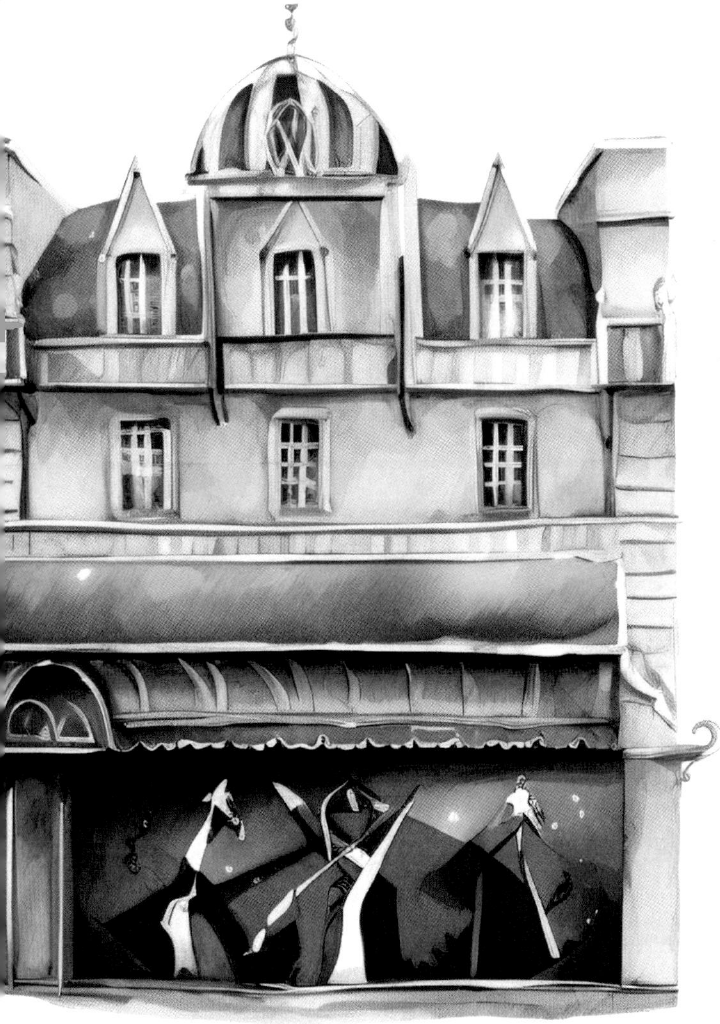
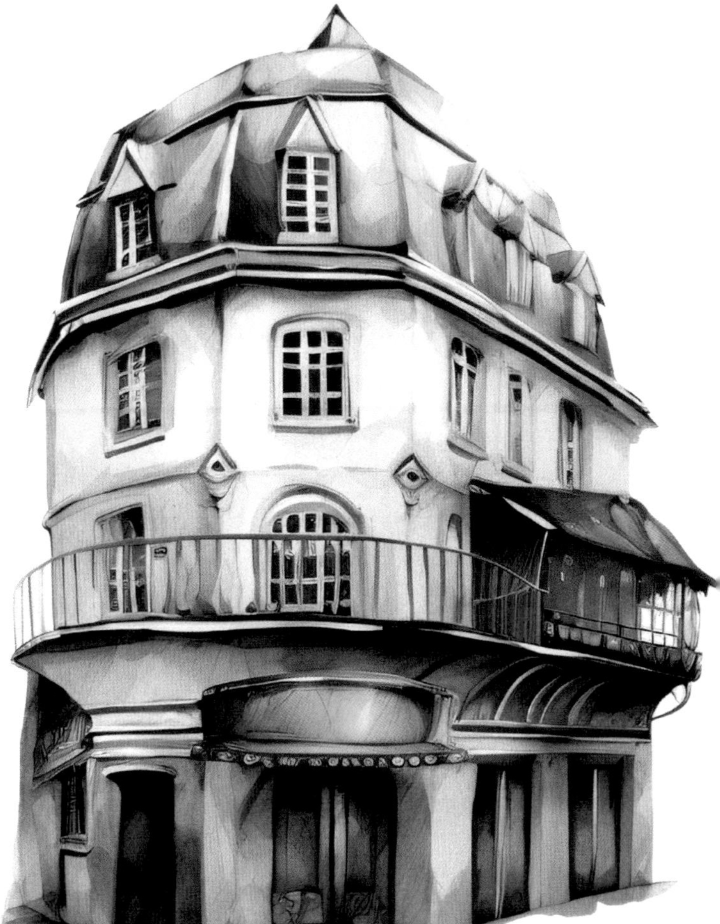

Made in the USA
Monee, IL
10 February 2024

53263064R00031